AF384843

8° Z
LE SENNE
10647

PROCÈS

DE L'AVENIR.

IMPRIMERIE DE BÉTHUNE,
RUE PALATINE, N° 5.

PROCÈS

DE

L'AVENIR.

PARIS,

AGENCE GÉNÉRALE POUR LA DÉFENSE DE LA RELIGION
CATHOLIQUE,

RUE JACOB, N.º 20.

—

1831.

PROCÈS

DE L'AVENIR.

Après quinze ans de combats, la monarchie de Louis XIV avoit une seconde fois succombé; une seconde fois l'Eglise catholique, attachée au sang de saint Louis par de longs souvenirs et par les maux qu'elle avoit soufferts, perdoit les espérances qu'elle avoit mises en la piété des princes. On alloit voir un grand spectacle : non pas seulement l'homme de bien aux prises avec l'adversité, mais les chrétiens aux prises avec le dix-neuvième siècle. Une Eglise de trente ans protégée à son berceau par Napoléon, et soutenue depuis par deux rois, se trouvoit enfin seule et dénuée devant les générations nouvelles qui disoient avoir un compte sévère à lui demander. Le sang coula trois jours : entre les citoyens qui le versoient, les uns pour la liberté, les autres pour leurs serments, entre les sujets et la couronne l'Eglise catholique ne put intervenir, mais elle parut pourtant. Un prêtre donna la bénédiction des morts non loin du champ de bataille, et la croix fut mêlée sur la tombe parmi les signes de la victoire. Le lendemain, tandis qu'un prince infortuné fuyoit de ses Etats, les portes de Notre-Dame s'ouvrirent à la multitude , et le prêtre offrit un sacrifice paisible au Dieu des armées. Trois jours après, la religion parut à la barre de la France. Il lui fut dit qu'elle ne seroit plus la religion de l'Etat, mais qu'elle avoit pour elle la majorité des Français.

La victoire et la loi avoient respecté le Dieu des vaincus; sa seule peine étoit la liberté, et par cela seul la cause du catholicisme étoit gagnée. Une ère nouvelle s'ouvroit, l'ère de la liberté pour tous, pour la conscience du catholique comme pour la conscience du protestant; la force invincible des choses avoit désarmé les ressentiments profonds des ennemis du catholicisme, et de même que l'ombre de Dieu avoit arrêté les barbares aux portes de Rome, l'ombre de la liberté arrêtoit la civilisation menaçante aux portes du sanctuaire. Le dix-huitième siècle étoit fini. Mais nul ne le comprenoit encore, ni les vainqueurs, ni les vaincus, le chrétien pas plus que l'impie; l'un passoit devant le temple sans s'expliquer pourquoi il étoit debout, l'autre y entroit en s'étonnant qu'il pût s'y agenouiller en paix.

De là devoit naître des craintes pusillanimes et de coupables attentats. Partout où les chrétiens ne connurent pas leur force, ils trouvèrent des tyrans; leurs croix furent abattues, leurs Eglises insultées, leurs prêtres menacés; et le plus grand malheur de ces vexations locales étoit de dérober aux regards des oppresseurs et des opprimés le nouvel horizon qui s'étoit levé sur la patrie.

D'un autre côté, le pouvoir s'effraya des droits que la Charte de 1830 donnoit aux catholiques. La séparation absolue de l'Eglise et de l'Etat avoit été proclamée comme un triomphe du peuple sur l'Eglise; mais l'instinct du despotisme, un moment trompé, lui révéla bientôt que ce triomphe cachoit un bill d'émancipation. Dès-lors il s'efforça de retenir une influence que la loi et l'opinion publique lui arrachoient à l'envi; il renouvela des ordonnances dejà illégales sous le régime passé, et qui étoient absurdes en présence des libertés stipulées le 7 août. On vit le ministre des cultes, malgré la liberté d'enseignement qui étoit une condition des serments de la France au trône nouveau, exclure des écoles catholiques une classe d'élèves et commander à l'autre de revêtir l'habillement ecclésiastique sous peine de ne pouvoir être enseigné en habits français. On devoit voir plus tard un autre ministre des cultes régler les solennités chrétiennes, interdire le chant, les cloches, la parole évangélique à certains jours. Le ridicule avoit fait alliance contre l'Eglise avec le despotisme, et ils se tenoient parole.

Le moment décisif arriva, il fallut nommer des évêques. Le ministère ne se doutoit pas qu'on pût lui en contester le droit, et ses amis parloient des pasteurs qu'ils alloient donner au monde chrétien avec une conviction et une bonne foi qui témoignoient de leur mépris pour nous. Car n'eussions-nous pas été les derniers des hommes si, après la séparation de l'Eglise et de l'Etat, lorsque le pouvoir étoit aux mains de ceux qui avoient outragé quinze ans nos dogmes, nous n'avions pas réclamé la liberté de conscience pleine, entière, sans restriction ? N'eussions-nous pas trahi nos devoirs envers nous et notre postérité, si nous avions placé les débris de la foi catholique en France sous la garde d'un ministère qui ne présentoit de garanties qu'à nos ennemis ? Dieu ne permit pas que son Eglise descendît si bas ; il lui avoit réservé, dans ces jours difficiles, des défenseurs. *L'Avenir* avoit salué depuis un mois l'ère nouvelle despeuples **et** du catholicisme ; il avoit convié les générations avides de la foi et de la liberté à une alliance vraiment sainte, populaire, invincible. Il avoit jeté dans l'orage un de ces cris qui lui survivent et qui se prolongent au-delà dans les échos des siècles. A sa tête étoit un homme dont nous ne dirons rien, parce qu'il est notre père, et parce qu'assez d'hommes parleront de lui. Mais nous rappellerons les doctrines fondamentales pour le soutien desquelles il avoit créé l'*Avenir*, et sanctifié la presse quotidienne, cette prédication des peuples futurs.

DOCTRINES DE L'AVENIR.

« Quelques personnes n'ayant pas compris, et d'autres affectant de ne pas comprendre quelles sont les doctrines de *l'Avenir*, il nous paroît utile de les exposer de nouveau avec toute la netteté dont nous sommes capables, et dans un ordre qui permette d'en saisir facilement l'ensemble. Nous n'avons rien à cacher, rien à dissimuler : ce que nous sommes, nous le disons hautement. Nous nous présentons devant la France, forts de notre franchise et de notre loyauté, non certes avec l'espoir de ramener à tous nos sentiments les esprits entraînés par tant d'opinions diverses, mais avec la confiance certaine d'obtenir l'estime de ceux même qui nous combattroient, et sûrs, quelles que soient les dissidences qui existent entre eux et nous, d'être encore unis dans le même attachement à l'ordre et à la liberté, comme dans l'impérissable amour de notre patrie commune.

»Catholiques sincères, nous tenons par le fond de nos entrailles à l'unité, qui est le caractère essentiel, indélébile de notre Eglise et de notre foi, abhorrant de toute notre ame la plus légère apparence et l'ombre même du schisme. Nous tenons dès-lors non moins fortement à l'antique et sainte hiérarchie, qui conserve l'unité du dogme, l'unité de culte et de gouvernement, de ce gouvernement spirituel fondé par Jésus-Christ, et totalement distinct des gouvernements temporels qui régissent les peuples dans l'ordre politique et civil. Nous sommes en conséquence pleinement soumis d'abord au souverain Pontife, vicaire de Jésus-Christ en terre, chef visible de l'Eglise et docteur de tous les chrétiens ; secondement aux évêques qui, en communion avec le Pasteur suprême, gouvernent, sous son autorité, les Eglises particulières, et jamais rien au monde ne nous détachera d'eux ni de celui que Dieu a établi leur chef et le nôtre.

»Adhérant universellement et sans la moindre restriction aux doctrines du Saint-Siége, pure expression du christianisme à qui le monde doit tout ce qu'il possède de civilisation et de liberté, nous repoussons avec dégoût les opinions qu'on appelle gallicanes, parce qu'opposées à la tradition, réprouvées par l'autorité la plus haute qui existe parmi les chrétiens, elles consacrent l'anarchie dans la société spirituelle, et le despotisme dans la société politique ; opinions également odieuses et basses, qui, rendant la conscience même complice de la tyrannie, font de la servitude un devoir, et de la force brutale un droit indépendant de la justice.

»Pour nous, au contraire, la justice est le fondement nécessaire du droit, et seule elle constitue la légitimité du pouvoir, bien qu'il doive être encore légal, c'est-à-dire, déterminé dans sa forme et dans son mode de transmission par des lois positives humaines. D'où il résulte que si la légitimité est invariable comme la justice même, la légalité, arbitraire en soi, peut varier et varie de fait selon les temps, les lieux et les conjonctures : car elle ne crée qu'un droit relatif et subordonné, droit qui cesse à l'instant où il se trouve en opposition fondamentale avec le droit immuable, éternel dont il dérive, en un mot avec la justice, qui constitue, nous le répétons, la seule vraie légitimité.

»Et parce qu'aucune société ne sauroit subsister sans elle, elle demeure toujours comme la racine impérissable de tout ce qui est ordonné parmi les hommes ; et aux époques de révolution, lorsque nul ordre légal n'est affermi, elle devient l'unique loi, l'unique barrière contre les horreurs de l'anarchie ; de sorte que, privés de leurs anciennes institutions, et les institutions nouvelles n'offrant rien que de provisoire et de chancelant, les peuples passent momentanément sous l'empire de la pure et simple légitimité. Nous croyons qu'on doit alors, non-seulement soumission, mais encore aide et secours à la force prépondérante qui, dans ces circonstances extrêmes, garantit la sûreté des personnes et des propriétés, et se présente comme protectrice des droits acquis à tous et des libertés communes.

»D'après ces principes et dans ces limites, nous reconnoissons le gouvernement actuel de la France, tel que la Charte l'a établi, et nous lui obéirons, et nous le défendrons tant qu'il obéira lui-même à la Charte qui l'a créé, et qu'il respectera les droits que cette même Charte nous donne. Nous voulons, en un mot, son exécution loyale et complète, décidés à ne pas souffrir qu'on nous abuse par de vaines promesses, et prêts, s'il le falloit, et à combattre et à mourir pour arracher au pouvoir aveugle qui oseroit trahir ses serments, la liberté qui nous appartient, égale pour **tous**, entière pour tous.

»Et afin qu'il ne reste aucun nuage sur notre pensée, nous demandons premièrement la liberté de conscience ou la liberté de religion, pleine, universelle, sans distinction comme sans privilége; et par conséquent, en ce qui nous touche, nous catholiques, la totale séparation de l'Église et de l'État, séparation écrite dans la Charte, et que l'État et l'Église doivent également désirer, par les raisons déjà plusieurs fois exposées dans *l'Avenir*. Cette séparation nécessaire et sans laquelle il n'existeroit pour les catholiques nulle liberté religieuse, implique, d'une part, la suppression du budget ecclésiastique, et nous l'avons hautement reconnu; d'une autre part, l'indépendance absolue du clergé dans l'ordre spirituel, le prêtre restant d'ailleurs soumis aux lois du pays, comme les autres citoyens et dans la même mesure. En conséquence, la Charte étant la première loi, et la liberté de conscience le premier droit des Français, nous tenons pour abolie et nulle de fait toute loi particulière en contradiction avec la Charte et incompatible avec les droits et les libertés qu'elle proclame; et, dès-lors, nous croyons qu'il est du devoir du gouvernement de s'entendre avec le Pape, et cela sans aucun retard, pour résilier de concert le concordat devenu légalement inexécutable, depuis que, grâces à Dieu, la religion catholique a cessé d'être religion d'Etat. Le pouvoir placé en dehors de toutes les communions n'a d'autorité sur aucune d'elles, et les protége toutes également. Elles doivent être pleinement libres dans leurs doctrines, leur enseignement, leur culte, leur régime intérieur, sans quoi, au lieu d'être une *vérité*, la Charte seroit le plus odieux mensonge. Nous ne pouvons donc, en aucune sorte, consentir à ce que le gouvernement exerce sur le choix de nos évêques une influence inconstitutionnelle et qui nous inquiète justement, puisqu'il en résulte, entre autres conséquences, que nos premiers pasteurs nous seroient donnés par des hommes dont la foi peut être opposée à la nôtre, par des hommes qui peuvent n'être pas même chrétiens. Nous protestons de toutes nos forces contre une prétention de cette nature, qui créeroit pour nous une servitude exceptionnelle, et en général contre toute intervention quelconque du pouvoir dans les choses de la religion, parce qu'une pareille intervention ne sauroit être désormais qu'illégale et tyrannique. De même qu'il ne peut y avoir aujourd'hui rien de religieux dans la politique, il ne doit y avoir rien de politique dans la religion. C'est le vœu et l'intérêt de tous, c'est la Charte.

»Nous demandons, en second lieu, la liberté d'enseignement, parce qu'elle est de droit naturel et, pour ainsi dire, la première liberté de la famille; parce qu'il n'existe sans elle ni de liberté religieuse, ni de liberté d'opinions; enfin, parce qu'elle est expressément stipulée dans la Charte. Nous regardons en conséquence le monopole universitaire comme une violation de cette même Charte, et nous le repoussons de plus comme illégal, les priviléges, odieux en soi, de l'université ne reposant sur aucune loi, ainsi que l'a plusieurs fois reconnu le gouvernement lui-même. Fidèles aux principes de notre droit public, tel que l'ont consacré les solennelles déclarations faites à la France au mois d'août dernier, principes que nous opposions, en de semblables circonstances, à l'ancien pouvoir, nous ne voulons pas être replacés sous le régime des ordonnances; et c'est pourquoi nous engageons les chefs d'établissements contre lesquels on voudroit mettre à exécution celles du mois de juin 1828, à se défendre avec énergie devant les tribunaux, persuadés qu'en résistant ainsi légalement à des actes illégaux, ils mériteront l'approbation de tous les vrais Français et serviront très-utilement la glorieuse cause de la liberté commune.

» Nous demandons, en troisième lieu, la liberté de la presse, c'est-à-dire, qu'on la délivre des entraves nombreuses encore qui en arrêtent le développement, et en particulier des entraves fiscales par lesquelles on semble avoir voulu gêner surtout la presse périodique. Nous pensons qu'une crainte trop grande de l'abus qu'on peut faire de cette liberté, engendre une certaine susceptibilité ombrageuse qui conduit à la licence, par les obstacles qu'elle oppose à la manifestation légitime des opinions, et quelquefois à la défense des droits les plus sacrés. La presse n'est à nos yeux qu'une extension de la parole; elle est comme elle un bienfait divin, un moyen puissant, universel, de communication entre les hommes, et l'instrument le plus actif qui leur ait été donné pour hâter les progrès de l'intelligence générale. On peut en abuser sans doute; qui ne le sait ? mais on abuse aussi de la parole, et le premier de ces abus n'est pas, quoi qu'on en dise, plus à redouter que l'autre, et peut-être moins. Ayons foi dans la vérité, dans sa force éternelle, et nous réduirons de beaucoup et ces précautions soupçonneuses et ces vengeances contre la pensée, qui n'ont jamais étouffé aucune erreur, et qui souvent ont perdu le pouvoir en l'endormant dans une niaise confiance et dans une fausse sécurité.

» Nous demandons, en quatrième lieu, la liberté d'association, parce que partout où il existe soit des intérêts, soit des opinions, soit des croyances communes, il est dans la nature humaine de se rapprocher et de s'associer; parce que c'est là encore un droit naturel; parce qu'on ne fait rien que par l'association, tant l'homme est

foible, pauvre et misérable, tandis qu'il est seul : *Væ soli !* parce que
là où toutes classes, toutes corporations ont été dissoutes, de sorte
qu'il ne reste que des individus, nulle défense n'est possible à aucun
d'eux, si la loi les isole l'un de l'autre, et ne leur permet pas de
s'unir pour une action commune. L'arbitraire pourra les atteindre
tour-à-tour ou tous à la fois, avec une facilité qui amènera bientôt
la destruction complète des droits ; car il y a toujours dans le pouvoir, même le plus juste et le plus modéré, une tendance à l'enva-
hissement, et la liberté ne se conserve que par un perpétuel combat.
Aujourd'hui, d'ailleurs, les gouvernements devant suivre l'opinion
publique, il faut que l'opinion publique ait en dehors d'eux un
moyen de se former et de se manifester avec un caractère de
puissance qui ne permette en aucun cas de la mépriser ou de la
méconnoître ; et cela même est une garantie, et la plus forte
garantie, dans l'état présent de l'Europe, de la stabilité des gouvernements.

» Nous demandons, en cinquième lieu, qu'on développe et qu'on
étende le principe d'élection, de manière à ce qu'il pénètre jusque
dans le sein des masses ; afin de mettre nos institutions d'accord
avec elles-mêmes, et d'affermir tout à la fois et le pouvoir et l'ordre
public. Car le désir, le besoin de l'ordre n'existe nulle part autant
que dans les masses, et rien ne crée au pouvoir un si grand nombre
d'ennemis que les places mêmes qu'il distribue, puisqu'entre des
milliers de solliciteurs qui se disputent le même emploi, force lui
est, pour en satisfaire un, de mécontenter tous les autres. Qu'il
laisse les grandes et petites ambitions démêler leurs querelles avec
d'autres que lui, il y gagnera du repos et, ce qui vaut mieux encore,
un respect désintéressé qui est aussi de la puissance.

» Nous demandons, en sixième lieu, l'abolition du système funeste
de la centralisation, déplorable et honteux débris du despotisme
impérial. Tout intérêt circonscrit a, selon nos principes, le droit de
s'administrer lui-même, et l'Etat ne sauroit plus légitimement s'im-
miscer dans les affaires propres de la commune, de l'arrondisse-
ment, de la province, que dans celles du père de famille. Seulement
il en doit surveiller l'ensemble, afin de prévenir les collisions qui
pourroient avoir lieu entre les intérêts divers. Nous appelons de tous
nos vœux une loi qui organise, sur cette large base de liberté, les
administrations communales et provinciales. Et comme nous nous
défions extrêmement de toutes les créations législatives uniformes et
à priori, comme les différences de lieux, d'habitudes et de mœurs
nécessitent bien souvent, pour effectuer le bien général qu'on se
propose, des différences analogues dans les institutions particulières
de ce genre, nous pensons qu'il seroit mieux de beaucoup de laisser,

au moins en grande partie, aux communes et aux provinces le soin de s'organiser elles-mêmes administrativement. La variété qui en résulteroit ne rendroit que plus forte l'unité politique de l'Etat : car la similitude absolue, contraire à la liberté parce qu'elle est contraire à la nature, ne forme qu'une unité apparente et matérielle, et détruit la véritable unité vitale, qui résulte de la vie propre, intime, énergique, de chaque partie du corps social.

» Telles sont les doctrines de l'*Avenir*, et nous avons la ferme espérance qu'elles dissiperont peu à peu beaucoup de préjugés, calmeront beaucoup de passions, rapprocheront des cœurs long-temps divisés et qui n'ont besoin que de s'entendre, que de croire les uns aux autres pour s'aimer. Ne l'oublions jamais, l'union seule nous sauvera, l'union qui naît de la confiance, comme la confiance elle-même naît du respect des droits mutuels. Heureux si nos efforts que rien ne découragera, parce qu'ils ont leur principe dans des sentiments qui sont notre âme même, pouvoient contribuer à hâter cette union fraternelle, et à fonder d'une manière inébranlable, l'ordre et la liberté dans notre belle patrie !   F. DE LA MENNAIS. »

C'est ainsi que l'*Avenir* s'étoit placé au milieu des partis, indépendant de tous, plein de foi dans sa mission, sûr que tôt ou tard la force des choses amèneroit le triomphe de ses doctrines, et peut-être la *justice* à ses rédacteurs ; mais c'étoit la dernière de leurs pensées, et ils savoient qu'en des jours pareils aux nôtres, le sacrifice de soi est une vertu commandée à qui ne veut pas être pervers ou imbécille. Ce sacrifice étoit fait. De douloureux ressentimens s'étoient plusieurs fois émus autour d'eux : des paroles sévères étoient travesties en injures pour un malheur sacré ; des accents tout catholiques les accusoient devant l'ancien libéralisme ; ils marchoient sur des feux cachés partout dans les ruines. Dieu les jugera !

Le pays les a déjà jugés, et voici comment la chose s'est passée.

Des évêques venoient d'être nommés par le ministère avec une grande imprudence dans les choix ; on annonçoit des nominations plus alarmantes encore. Le 26 novembre 1830, l'*Avenir* jeta le cri d'alarme par une supplication adressée *aux évêques de France*, dont M. l'abbé Lacordaire étoit l'auteur. Le journal fut saisi.

Le lendemain, M. l'abbé de La Mennais publia, en le signant, un article sur l'*oppression des catholiques*. Le journal fut encore saisi.

Aussitôt un appel fut fait aux catholiques, une souscription ouverte avec la précipitation et l'instinct de la foi ; c'étoit la première fois que les catholiques de France entroient dans les voies de l'opposition, et ils ont répondu à l'attente de leurs défenseurs avec la verve d'hommes accoutumés déjà aux élans du *forum*, aux combats de la liberté. Voici dans quels termes l'*Avenir* les appeloit le 29 novembre à cette carrière où on ne les avoit pas encore vus.

SOUSCRIPTION POUR LES DEUX PROCÈS CATHOLIQUES.

«Le ministère public ne s'est pas contenté de saisir notre numéro du 25 novembre, où nous faisions un appel aux *évêques de France*; il a encore arrêté, le jour suivant, les paroles que nous adressions à tous les catholiques sur leur état présent dans le royaume de leurs pères. Les catholiques français vont comparoître devant leurs concitoyens pour y rendre compte de leurs gémissements, pour y exposer ce qu'ils croient avoir souffert, ce qu'ils craignent, ce qu'ils désirent. Jour à jamais heureux ! Nos concitoyens ont à se plaindre de nous depuis quinze ans; depuis quinze ans, nous avons peu mérité leur affection, nous avons été coupables en beaucoup de choses contre l'amour que nous leur devions. Nos concitoyens ont vaincu : le jour de l'humiliation est venu pour nous, et la Providence a décidé que nous sentirions à notre tour ce que pèse une liberté qui n'est pas de bonne foi. La Providence est juste. Mais plusieurs catholiques de France ont pensé que l'épreuve pouvoit être abrégée, et que leur réconciliation sincère avec la liberté obtiendroit de leurs concitoyens quelques sentiments de sympathie et de générosité. Ils ont tiré de leurs entrailles un cri qui a paru nouveau et qui ne l'étoit pas dans leur ame, qui ne l'étoit pas dans l'histoire des chrétiens. Ils ont jeté aux peuples avides d'ordre et de franchises communes, ils leur ont jeté le nom sublime de Dieu, le nom sublime de la liberté, comme deux noms éternels et frères. Des hommes de tous les rangs et de toutes les croyances ont répondu à leur cri de tous les points du temple et de la patrie.

» Maintenant on accuse ceux qui ont été les premiers médiateurs entre la religion et la liberté; on les traduit devant leurs concitoyens pour y répondre de leur conduite. Ils y paroîtront. On entendra des deux parts les reproches, le pays jugera les fautes passées, les fautes présentes, et nous lui demanderons avec confiance notre part de la liberté. Jour à jamais heureux ! Religion, liberté, patrie, elles vont se voir ensemble, et se dire des paroles qui intéressent le repos du monde.

» Les catholiques français seront représentés devant leurs concitoyens par un homme dont la voix est bien connue, et par un jeune homme qui n'a encore aucun titre à une si grande gloire. Or, il importe que tous nos frères, que tous les amis de Dieu et de la liberté leur donnent une sorte de mandat spécial pour parler en leur nom.

Une souscription est ouverte, à cet effet, en faveur des deux procès catholiques. On recevra depuis cinq centimes jusqu'à cinq francs. Nous prions nos abonnés de choisir l'un d'eux, dans chaque ville, pour toucher les souscriptions et les transmettre au bureau du journal. Les sommes perçues seront employées aux frais des deux procès et aux amendes qui seroient encourues. Le nom des souscripteurs sera rendu public.

» F. DE LA MENNAIS, *prêtre*; P. GERBET, *prêtre*; ROHRBACHER, *prêtre*; H. LACORDAIRE, *prêtre*; AP. BARTELS, *ex-banni belge*; C. DE COUX; A. DAGUERRE.

» *Le rédacteur en chef,*

HAREL DU TANCREL.

» *Le rédacteur-gérant,*

WAILLE. »

A peine ces accents étoient-ils parvenus aux catholiques de France, qu'ils s'empressèrent de saluer par des adhésions vives et généreuses ceux qui avoient pris en mains leurs intérêts, senti leurs injures. Des lettres multipliées leur signaloient les vexations dont le Dieu de leurs frères étoit l'objet; des souscriptions envoyées par des pauvres, des villageois, des communes entières, leur apportoient incessamment l'humble et admirable tribut de la foi réveillée en son sommeil. Les catholiques avoient compris qu'il ne s'agissoit pas d'envoyer de l'or, mais un encouragement, une preuve de sympathie; si légère que fût l'offrande, c'étoit un chrétien de plus. La France ne fut pas seule à donner ces marques de zèle pour une grande cause. Un pays voisin, célèbre par l'union qui s'y étoit formée entre la foi et la liberté, applaudit du sein des préoccupations de sa propre destinée aux efforts des catholiques français; plusieurs journaux de la Belgique ouvrirent une souscription pour les procès de l'*Avenir*. Du fond de la Hollande, nous reçûmes aussi la preuve d'une fraternité touchante. Que ceux qui ont mêlé leurs noms aux premiers combats de l'Eglise, dans le dix-neuvième siècle, acceptent de nous le pieux hommage de notre reconnoissance. Amis dispersés en ce monde, premiers nés d'un grand siècle, vous aurez encore à souffrir le long de votre vie; mais vos yeux ne se fermeront pas sans voir de loin l'aurore du Seigneur, et vous emporterez avec vous dans la tombe plus de joie qu'il n'appartenoit aux chrétiens d'en éprouver depuis long-temps. Nous ne pouvons taire, quoi que nous fassions, des sentimens si vrais et si mérités. Oui, qu'au sein des chaumières d'où nous fut envoyée l'antique aumône des chrétiens, la paix descende et demeure. Que le règne de Dieu se fasse en ceux qui aimèrent assez la liberté pour en honorer les accents dans des hommes dont ils ne partageoient pas la foi : car ce denier sublime est aussi tombé dans nos mains.

L'époque où l'*Avenir* devoit paroître devant le pays étoit fixée au 31 janvier de cette année. La défense fut divisée en deux parts; l'une devoit comprendre les doctrines générales de l'*Avenir*, c'est-à-dire l'exposition du catholicisme romain, et présenter à la France la religion telle que Dieu l'a faite, et non pas telle que l'avoient défigurée la Cour et les Parlements. Cette part fut confiée à un jeune orateur encore inconnu de la capitale, et qui séparé des catholiques du côté de la foi, apportoit à leur cause une ame vraiment libérale, un dévouement profond et le pressentiment des destinées futures du catholicisme. Nous accueillîmes avec joie la pensée de donner à nos concitoyens comme à nos frères ce grand spectacle d'un philosophe justifiant Rome devant les tribunaux où des magistrats chrétiens l'avoient si souvent condamnée. Nous savions bien que toutes ses paroles ne seroient pas nos propres paroles; mais celui-là dit bien qui dit avec conscience, et la vérité a des grâces sur les lèvres de celui qui ne la connoît pas toute entière, lorsqu'il la cherche avec ardeur.

L'autre part de la défense comprenoit l'examen de la législation française dans ses rapports avec les concordats et avec la nomination des évêques en particulier. Elle fut confié à l'un des accusés, chrétien et prêtre, afin que l'ame du prêtre pût se révéler après l'ame de l'orateur et jeter sur la cause sa vraie couleur, celle de la foi, plaintive et plus forte que jamais.

AUDIENCE DU 31 JANVIER.

A huit heures, la salle est déjà remplie par une brillante assemblée ; des dames, des avocats, des jeunes gens se pressent en foule dans les tribunes, au centre de la salle, derrière les siéges des magistrats et ceux des jurés.

A neuf heures, M. de La Mennais entre accompagné de M. Lacordaire et de M. Waille. Celui-ci est en habit de garde national : MM. de La Mennais et Lacordaire ne portent pas le costume ecclésiastique. Plusieurs de leurs amis sont autour d'eux.

A neuf heures, un quart, on voit MM. les jurés se rendre dans la salle du conseil. Les prévenus y entrent à leur suite. On procède au tirage du jury. M. Berville, avocat-général, déclare qu'il n'exercera point de récusation, et que les prévenus peuvent user de ce droit jusqu'à ce qu'il ne reste plus que douze noms dans l'urne. M. Waille récuse trois jurés. Voici ceux qui ont été désignés par le sort, et acceptés pour juges de la cause :

MM. le vicomte d'Azemar de la Baume, ancien sous-préfet ;
  Dresch, brasseur ;
  Lambert-Blanchard, négociant ;
  Bonnel-Longchamp, référendaire à la cour des comptes ;
  Lafargue, avocat à la cour royale ;
  Durand, drapier ;
  Louis, confiseur ;
  Castellan fils, marchand de fer ;
  Goujon, capitaine retraité ;
  Faure, dit Beaulieu, épicier en gros ;
  Turpin, propriétaire ;
  Delor, propriétaire.

A dix heures et demie, la cour entre en séance, et ce n'est pas sans peine que les magistrats parviennent jusqu'à leurs sièges. Des dames et des avocats sont debout derrière les tribunes de la cour, le banc des jurés et au milieu de l'enceinte, interceptant toute communication entre la cour, les jurés et les prévenus.

M. Taillandier, président. Il est impossible que MM. les avocats demeurent où ils sont ; il ne doit y avoir personne entre le jury et les prévenus, et il n'y a que les magistrats qui puissent occuper les places réservées derrière la cour.

Un avocat. Nous aurions assez de place si des personnes étrangères au barreau n'avoient pris la robe et usurpé nos bancs.

M. le président. Qu'on désigne ces personnes ; on ne peut revêtir la robe qu'autant qu'on a l'honneur d'être avocat. Signalez ces personnes, et la cour statuera.

Plusieurs avocats. Nous ne voulons ni dénoncer, ni faire la police de l'audience.

M. le président. Sans doute, c'est aux huissiers à faire la police. Qu'ils renvoient du barreau ceux qui y sont étrangers.'

M. Lacordaire. Voici près de moi M. le vicomte de Montalembert ; il n'appartient pas au barreau, mais je l'ai prié de m'assister comme ami et comme conseil : je réclame sa présence.

M. le président. M. de Montalembert peut rester.

Le tumulte est à son comble et la foule demeure.

M. le président. La cour lève sa séance et ne la reprendra que quand l'ordre sera rétabli.

La cour se retire. Les huissiers et les gardes municipaux arrivent, et, après bien des efforts, parviennent à éclaircir les rangs de l'assemblée.

La cour reprend séance.

M. le président. Premier prévenu, quels sont vos nom et prénoms ? — R. Jean-Baptiste-Henri Lacordaire. — D. Quel est votre âge ? — R. Vingt-huit ans. — D. Quelle est votre profession ? — R. Je n'en ai pas, je suis prêtre.

M. le président. Second prévenu, comment vous appelez-vous ? — R. Félicité - Robert de La Mennais. — D. Quel est votre âge ? — R. quarante-huit ans. — D. Votre état ? — R. Je n'en ai pas, je suis prêtre. — D. Où êtes-vous né ? — R. A Saint-Malo.

M. Le président. Troisième prévenu, quels sont vos noms ? — R. Victor-Amédée Waille, gérant du journal l'*Avenir.*

M. le président demande à MM. de La Mennais et Lacordaire s'ils se reconnoissent auteurs des articles incriminés, et à M. Waille s'il les reconnoît comme ayant été insérés dans le journal dont il est gérant responsable. Après une réponse affirmative, M. le président ajoute : Je crois que M. l'avocat-général désire qu'on fasse la lecture des articles incriminés.

M. Berville, premier avocat-général. Je le désire, parce que l'accusation, lorsqu'elle discutera ces articles, devra souvent s'interrompre sur différents passages ; il peut dès-lors être dans l'intérêt des prévenus qu'on fasse, avant les débats, cette lecture ; je prie donc M. le président de vouloir bien l'ordonner.

M. Lacordaire. Je demanderai à M. le président la permission de faire cette lecture moi-même.

M. de La Mennais. Je demande la même permission que M. Lacordaire.

M. le président. Cela est contraire à l'usage.

Me Janvier, avocat des prévenus : Si les prévenus vouloient faire des observations en lisant les articles incriminés, je concevrois qu'on leur refusât ce droit.

M. le président. Je ne puis m'écarter des usages. Les articles incriminés sont des pièces de procédure, et c'est au greffier à les lire.

On transmet les articles au greffier qui en commence la lecture.

M. Lacordaire se lève et réclame la parole. Il me semble qu'il est dans les droits des prévenus de lire eux-mêmes les articles incriminés. Ils font partie de leur défense ; notre voix est la première qui doit en transmettre les impressions à MM. les jurés. Je demande que la cour en délibère.

Me Janvier. Je prends à cet égard des conclusions formelles pour MM. de La Mennais et Lacordaire.

M. l'avocat-général. Il nous semble qu'on peut accorder aux prévenus ce qu'ils demandent. C'est ici une chose facultative, et il suffit qu'elle paroisse dans l'intérêt de la défense, pour que nous la réclamions nous-mêmes. (*Marques prolongées d'approbation.*)

La cour se retire pour en délibérer. Après un quart d'heure elle rentre et ordonne que la lecture se fera par le greffier, sauf aux prévenus à la réitérer, s'ils le croient utile pour leur défense.

Le greffier exécute l'arrêt.

Immédiatement après, M. Lafargue, l'un des jurés, demande la parole et dit : Au nom de tous les jurés et en mon nom personnel, je désire que la lecture des articles soit faite de nouveau par les prévenus. (*Mouvement.*)

M. Lacordaire donne lecture de son article.

Aux évêques de France.

» Le gouvernement se déclare : il vient d'apprendre aux catholiques le sort qu'il vous destine; il vient de tenter votre patience, pour savoir jusqu'à quel point il se permettra d'être hardi dans l'outrage et dans la destruction. Ne croyez pas qu'il s'arrête. La religion catholique n'est plus la sienne, et ni la loi, ni l'opinion publique ne vous seront un rempart contre lui. La nomination de vos collègues dans l'épiscopat est désormais dénuée de toute garantie législative et morale, désormais livrée comme une proie aux ministères rapides qui vont se succéder et saisir, en passant, l'occasion d'emporter votre hiérarchie avec la leur. Vous voilà tombés dans une position pire que les évêques grecs, à la prise de Constantinople. Peu importoit à Mahomet de leur donner des collègues qui fussent selon leur vœu, et de laisser tomber sur eux, du haut de la victoire, cette marque de miséricorde digne d'un musulman qui croyoit en son Dieu, et qui ne se défioit pas de l'ascendant de sa loi. Mais vos ennemis ne sont pas vos vainqueurs, vos ennemis ne croient pas, vos ennemis ne peuvent vous persécuter : que leur reste-t-il ? La ruse, la dévastation progressive de l'épiscopat et de l'enseignement, l'oppression du clergé français du second ordre par un clergé supérieur de leur choix. L'œuvre est commencée : quelque précaution que l'on ait prise, le voile est déchiré, et vos yeux peuvent découvrir, à travers les années et les événements, l'autel du Seigneur tel qu'ils le feront.

» Evêques de France ! nos frères dans le même sacerdoce, nos pères à cause de votre prééminence apostolique et de votre immortelle affection pour nous; souffrez que vos enfants vous parlent, qu'ils vous conjurent de pourvoir à votre honneur et à notre salut commun. Si nous vous avons déplu, que votre mémoire oublie des chagrins qu'il ne fut jamais dans notre cœur de vous donner. Si quelques-unes de nos opinions politiques vous semblent mal justifiées, repoussez-les, sans les confondre avec les intérêts sacrés et certains de l'Eglise catholique. Ayez pitié de vous et de nous ; qu'il ne soit pas dit que nos supplications vous ont paru plus importunes que l'oppression de nos ennemis, et daignez être sensibles à des malheurs qui étoient encore supportables, parce qu'ils n'atteignoient que le présent, mais qui sont devenus sans bornes, depuis que la hiérarchie, compromise dans sa source, menace de porter aux siècles futurs un héritage incalculable de maux.

» Tant que les chefs de la religion sont des hommes de son choix, elle n'a rien à craindre ; ni la persécution, ni la faim ne la tueront. Ni la persécution, ni la faim n'ont fait périr les églises d'Orient, d'Allemagne et d'Angleterre ; elles ont péri par l'intervention corruptrice du pouvoir dans la formation de l'épiscopat, soit que les évêques eussent vendu de plein gré leur indépendance, soit qu'ils n'eussent pas su jusqu'où des hommes libres et croyants pouvoient porter la résistance à de sacriléges volontés. Votre tour est venu maintenant, reliques sacrées de nos évêques, votre tour est venu de souffrir cette attaque sourde de l'autorité. Ils ont parcouru de l'œil vos têtes blanchies dans les misères précédentes ; ils ont compté vos années et ils se sont réjouis : car le temps de l'homme est court. A mesure que vous vous éteindrez, ils placeront sur vos siéges des prêtres honorés de leur confiance, dont la présence décimera vos rangs sans détruire encore l'unité. Un reste de pudeur s'effacera plus tard de leurs actes ; l'ambition conclura sous terre des marchés horribles, et le dernier de vous mourant pourra descendre sous le maître-autel de sa cathédrale avec la conviction que ses funérailles seront celles de toute l'Eglise de France.

« Quel sera en effet pour nous la garantie de leurs choix ? Depuis que la religion catholique n'est plus la religion de la patrie, les ministres de l'Etat sont et doivent être dans une indifférence légale à notre égard : est-ce leur indifférence qui sera notre garantie ? Ils sont laïques, ils peuvent être protestants, juifs, athées : est-ce leur conscience qui sera notre garantie ? Ils sont choisis dans les rangs d'une société imbue d'un préjugé opiniâtre contre nous : est-ce leur préjugé qui sera notre garantie ? Ils règnent enfin depuis quatre mois ; est-ce leur passé qui sera notre garantie ? Ils n'ont ouvert la bouche que pour nous menacer ; ils n'ont étendu la main que pour abattre nos croix ; ils n'ont signé d'ordonnances ecclésiastiques que pour sanctionner les actes arbitraires dont nous étions victimes ; ils ont laissé debout les agens qui violoient nos sanctuaires, qui y faisoient pourrir des morts devant Dieu ; ils ont souffert qu'on fît de notre habit, sur tous les théâtres, le vêtement de l'infamie, tandis que leurs lieutenants-généraux nous ordonnoient de le porter, sous peine d'être arrêtés comme des vagabonds sortis de leur bagne ; ils ne nous ont pas protégés une seule fois sur un seul point de la France ; ils nous ont offerts en holocauste prématuré à toutes les passions : voilà les motifs de sécurité qu'ils nous présentent ! voilà les hommes de qui vous consentiriez à recevoir vos collègues dans la charge de premiers pasteurs !

« L'épiscopat qui sortira d'eux est un épiscopat jugé. Qu'il le veuille ou non, il sera traître à la religion, il sera parricide. Jouet nécessaire des mille changements qui transportent le pouvoir de main en main, il marquera dans nos rangs toutes les nuances ministérielles et anti-catholiques que les majorités vont adorer tour-à-tour comme leur ouvrage. D'accord en un seul point, les évêques nouveaux plieront leur clergé à une soumission tremblante devant les caprices les plus insensés d'un ministre ou d'un préfet ; et, dans cette Babel, la langue de la servilité est la seule qui ne variera pas. Les ames basses ne manquent jamais à ceux qui les cherchent ; ils en trouveront, ils en formeront. Après nous avoir déshonorés dans l'esprit des peuples, ils nous livreront un jour, foibles et divisés, entre les mains du pouvoir, qui regardera comme une grâce de nous donner la vie en échange de notre conscience. A l'infamie succédera le schisme. Le peu d'hommes restés fidèles à la dignité de leur sacerdoce, victimes long-temps de ceux qui devoient être leurs protecteurs, fuiront enfin une terre maudite et iront féconder de leurs larmes des champs lointains. Evêques de France ! nous vous supplions de ne pas nous laisser après vous un si affreux patrimoine ; et, puisque vous êtes nos pères, prenez en compassion votre postérité, donnez une meilleure marque d'amour à ceux qui doivent vous survivre, qui seuls pourront garder vos tombeaux et les empêcher de devenir déserts.

« Que craignez-vous ? N'êtes-vous pas évêques ? Vous êtes Français aussi : les lois vous protègent contre les entreprises arbitraires de l'autorité civile, elle ne peut aujourd'hui toucher à un de vos cheveux que l'Europe entière ne soit en combustion. Sujets de leur victoire, nos ennemis ne sont plus ce qu'ils étoient ; ils ont rencontré vos droits mêlés aux leurs au bout du champ de bataille ; et la première goutte de sang qui couleroit de vos veines rendroit infâme celui qu'ils ont répandu pour conquérir la liberté. Car, que demandons-nous, sinon la liberté ? Que demandons-nous, sinon l'exécution de leurs propres lois ? Que demandons-nous, sinon qu'ils soient fidèles à leurs serments ? Ils ne trahiront la liberté, les lois et leurs serments, qu'au prix de leur déshonneur éternel et de la tranquillité de tous. Ce qui nous trompe jusqu'ici sur la vanité de leur pouvoir, c'est qu'ils l'exercent à notre égard dans un cercle auquel les esprits sont habitués par la tradition ; c'est qu'ayant été autrefois hors du droit commun, à cause de notre puissance et de la piété des princes, ils traitent tout ce qui est à nous comme nous appartenant à titre de privilége et de bienfait. Mais qu'ils touchent à nos vies, qu'ils touchent à nos consciences, nous n'aurons qu'à nous croiser les bras, le sol de l'Europe s'enfuira sous leurs pieds ; la fortune mobilière des deux tiers du monde subira la plus épouvantable catastrophe, et ils en sont déjà tout pâles de peur : le palais de la bourse nous répond de nos temples, leur or nous répond de notre Dieu. Une seule chose leur est possible, le retranchement de notre budget Evêques de France ! nous ne vous en disons pas davantage : c'est à vous de voir lequel vous préférez laisser sur vos siéges, en mourant, ou d'un épiscopat riche et corrupteur, ou d'un épiscopat pauvre et digne de vous succéder.

» Pour nous, qui vous adressons ces paroles suppliantes, qui vous conjurons une seconde fois de nous pardonner les déplaisirs que nous vous aurions causés, si nos efforts près de vous sont infructueux, nous en gémirons beaucoup, sans jamais manquer au respect filial qui vous est dû. Dieu sait que nous donnerions nos vies pour obtenir d'être sauvés par vous ! Toutefois nous ne nous abandonnerons pas nous - mêmes ; nous userons de toutes les ressources que les lois de l'Eglise nous permettent ; sans diminuer les droits suprêmes du Siége apostolique, mais pour obéir aux conciles et à nos consciences, nous protesterons contre ceux qui auroient le courage d'accepter le titre d'évêques de la main de nos oppresseurs. Nous faisons dès aujourd'hui cette protestation : nous la confions au souvenir de tous les Français en qui la foi et la pudeur n'ont pas péri, à nos frères des Etats-Unis, de l'Irlande et de la Belgique, à tous ceux qui sont en travail de la liberté du monde, quelque part qu'ils soient. Nous la porterons pieds nus, s'il le faut, à la ville des apôtres, aux marches de la confession de saint Pierre, et on verra qui arrêtera sur la route le pélerin de Dieu et de la liberté. »

M. de La Mennais s'approche tout contre le banc des jurés, et donne lecture de son article, d'une voix très-basse, au milieu du silence religieux de l'assemblée.

Oppression des catholiques.

» La liberté religieuse, et la liberté d'enseignement qui en est inséparable, ont été solennellement proclamées dans la nouvelle loi fondamentale ; et la Charte en cela n'est que l'expression du besoin des temps et de la volonté ferme du pays, qui ne reconnoît pas au pouvoir le droit de commander à la raison ni à la conscience, indépendantes par leur nature du souverain politique. Toutes les fois qu'à ce titre il prétend s'interposer entre l'homme et Dieu, prescrire les croyances, régler le culte, il n'est plus qu'une sacrilége et ridicule parodie de Dieu même. Accepter ce joug dégradant, ce seroit descendre au-dessous de l'esclave, car, sous les fers qui courbent le corps, l'ame, si elle le veut, demeure libre; et le désespoir de celui qui se croit maître, parce qu'il peut tuer, est de sentir que là, au fond de cette ame, il y a une vie qui lui échappe, quelque chose qui ne plie pas, et que jamais il ne sauroit atteindre.

» Catholiques, c'étoit hier que, sur les débris d'une monarchie brisée par le peuple, on vous faisoit, à la face du Ciel, ces promesses de liberté. Comment les a-t-on tenues ? A peine les paroles qui vous affranchissent étoient-elles prononcées, qu'on se hâtait de resserrer vos liens. Ici on ordonnoit administrativement des prières, là on renversoit sous vos propres yeux le signe sacré de votre foi; ailleurs on introduisoit avec violence dans vos églises les cercueils de ceux qui, jusqu'à la mort, avoient repoussé votre communion; le sanctuaire même étoit profané; on s'emparoit à main armée des édifices consacrés à l'éducation de la jeunesse sur qui repose la perpétuité de votre culte. Voilà ce qui s'est fait, ce qui se fait encore; c'est ainsi qu'on a respecté vos droits.

» Si vous n'étiez en France qu'une impuissante minorité, nous vous dirions : Puisque vous ne pouvez obtenir des hommes iniques qui abusent contre vous de leur force, la paix et la liberté sans lesquelles il n'est point de patrie, agenouillez-vous une dernière fois près du tombeau de vos pères, et puis levez-vous, partez, quittez cette terre de tyrannie, et cherchez sous le ciel un lieu où il vous soit permis d'adorer selon votre conscience celui qui fait lever le soleil et tomber la pluie indistinctement sur toutes ses créatures. Allez chez les peuples qu'on nomme barbares, ils ne viendront pas crocheter les portes du temple où vous célébrez les mystères saints, pour jeter un cadavre au pied de vos autels; ils ne troubleront point vos prières, car la prière est sacrée partout, excepté dans les pays qui furent chrétiens et ont cessé de l'être : fuyez dans le Nouveau-Monde, au fond des forêts; le sauvage vous vaudra mieux que ces parleurs de civilisation; il ne s'arrogera point d'autorité sur vos consciences, il ne se fera pas un jeu de les torturer, et vous pourrez en paix planter la croix près de sa pauvre hutte.

» Catholiques, voilà ce que nous vous dirions, si vous n'étiez qu'en petit nombre; mais vous êtes vingt-cinq millions, et l'on ne dit point à vingt-cinq millions d'hommes : Partez ! et vingt-cinq millions d'hommes ne se le laissent pas, ne doivent pas se le laisser dire. Vous avez des droits, des droits reconnus; si on vous les ravit, n'en accusez que vous-mêmes : ils seront à l'abri de toute atteinte, lorsque vous aurez sérieusement résolu de les défendre. A quoi servent des plaintes timides? Gémissez moins, et sachez vouloir. Au lieu de vous isoler, associez-vous. Que vous manque-t-il, sinon le concert qui donne du courage aux plus foibles, et d'où naît une action vigoureuse et continue? On compte trop sur votre patience. Traînez vos oppresseurs devant les tribunaux; que les chambres retentissent de vos réclamations. Il faudra bien qu'on les écoute. Parlez avec force, parlez sans crainte. Que peuvent contre vous des députés qui ne peuvent rien que par vous? Ils sont vos mandataires, rien de plus; ils représentent la France, et vous êtes, la Charte le dit, *la majorité des Français.*

« Ici se présente une question : Qui possède le pouvoir en France? Un souverain que nous a fait la révolution de juillet. A quel titre règne-t-il? En vertu du choix national, sous la garantie des sermens qu'il a prêtés de respecter nos droits à tous, de maintenir la liberté religieuse et de donner la liberté d'enseignement. Voilà ce qu'il juroit il y a quatre mois. Est-ce donc que quatre mois suffiroient pour périmer de pareils sermens? Que s'ils n'ont pas cessé d'être obligatoires, d'où vient l'oppression qui pèse sur nous? Ou le pouvoir ne peut pas, ou il ne veut pas, en ce qui nous concerne, être fidèle à ce qu'il a promis. S'il ne le peut pas, qu'est-ce que cette moquerie de souveraineté, ce fantôme misérable de gouvernement, et qu'y a-t-il entre lui et nous? Il est, à notre égard, comme s'il n'étoit pas, et il ne nous reste, en l'oubliant, qu'à nous protéger no s- mêmes.

» S'il ne le veut pas, il rompt le contrat qui nous lioit à lui, il déchire son titre; car nous nous tenons obligés à lui être soumis, à le soutenir, mais à la condition expresse qu'il tiendra lui-même ses engagements envers nous : *sinon non.*

» Or comment se persuader que le pouvoir veuille réellement respecter nos droits? Presque partout, qui les a violés, si ce n'est ses propres agents? Les a-t-il punis? les a-t-il seulement désavoués? Et qu'on ne dise pas qu'il auroit eu peur d'irriter nos ennemis : la peur est infâme, lorsqu'elle rend inique, et l'infamie ne justifie pas. Que craindroit-il d'ailleurs à être juste? Ne sommes-nous pas les plus nombreux, et prêts à le défendre, lorsque lui-même il nous défendra? Et puis nous ne réclamons aucun privilége; ce que nous demandons pour nous, nous le voulons également pour tous les autres; il ne peut, il ne doit y avoir désormais aucune distinction entre les Français.

» Disons-le hautement : le pouvoir est hostile contre nous. Voyez avec quelle hâte, quelle ardeur ses ministres s'en vont fouiller dans les registres de l'ancien despotisme, pour en exhumer des ordonnances illégales, en contradition avec la Charte, avec les droits reconnus, avec les serments jurés ; et cela pourquoi ? Pour assouvir un aveugle besoin de persécution qui les presse. Catholiques, il faut que vous soyez bien avant dans leur mépris, s'ils ont cru que vous supporteriez en silence le joug de fer qu'ils appesantissent sur vous, s'ils ont cru qu'ils pouvoient tenter impunément de vous l'imposer.

» Et ce n'est pas tout : le choix de vos premiers pasteurs est entre les mains de ceux que l'on peut soupçonner trop justement de méditer la ruine de votre foi ; et les choix qu'on annonce, il n'est plus temps de rien dissimuler, sont de nature à augmenter encore les alarmes. Comptez le nombre d'années au bout desquelles l'épiscopat renouvelé n'offriroit plus que des hommes triés, pour ainsi dire, dans le clergé français, par le pouvoir, pour assurer l'exécution de ses desseins. Comprenez ce que deviendroit peu à peu l'enseignement des séminaires sous leur influence. Voyez le schisme se former au sein de cette corruption, et tout-à-coup se lever le spectre hideux d'une Église nationale. Vous ne sauriez trop tôt vous précautionner contre un si menaçant avenir. Joignez votre voix à la nôtre, pressons, supplions ceux que le Père commun des chrétiens a préposés pour régir l'Eglise de France, de détourner de nous et de nos neveux les maux que nous prévoyons. Eux seuls, avec leur chef, le Vicaire de Jésus-Christ, nous peuvent sauver. Ils reconnoîtront sans doute que l'unique remède est la séparation entière, absolue de l'Église et de l'État, et aucun sacrifice ne leur coûtera pour l'opérer. Le principe en est posé dans la Charte ; il ne s'agit que de transformer le droit en fait. Par cela même qu'il n'existe et ne peut plus exister de religion d'État, l'intervention du gouvernement dans les choses de la religion est tout ensemble absurde et illégale, et le concordat dès-lors est aboli implicitement, ainsi que toutes les lois et réglements qui en étoient une conséquence. Quand les évêques auront exposé au souverain Pontife la situation de notre Eglise, quand ils lui auront exprimé leurs vœux, avec cet accent de la conviction, du désintéressement et de la charité, qui retentira dans son cœur de père, toutes les difficultés qui naîtroient d'engagements antérieurs, seront promptement aplanies de sa part. Que veut-il que le salut de la foi ? Ah ! ce n'est pas lui qui supputera ce que pourra coûter la liberté du sacerdoce, et qui doutera de la Providence !

Pour nous, simples prêtres et simples fidèles, combattons sans relâche pour notre affranchissement, ne souffrons pas que qui que ce soit ose nous exclure du droit commun, montrons que nous sommes Français, en défendant avec constance ce que nul ne peut nous ravir sans violer la loi du pays. Disons au souverain : Nous vous obéirons, tant que vous obéirez vous-même à cette loi qui vous a fait ce que vous êtes, et hors de laquelle vous n'êtes rien. Disons à nos frères, quelles que soient leurs opinions, leurs croyances : Nous avons tous le même intérêt, notre cause est la vôtre, comme la vôtre, si vos droits étoient menacés, seroit la nôtre aussi. Qu'importent nos anciennes divisions, et nos torts mutuels? Nous cherchions les uns et les autres, par des voies différentes, ce que nous avons heureusement trouvé. Il y a désormais un sentiment qui doit effacer tous les souvenirs pénibles, un mot qui doit nous unir tous, la liberté. »

RÉQUISITOIRE DE M. BERVILLE.

M. Berville, premier avocat-général, prend la parole en ces termes :

Messieurs, c'est avec un regret dont nul ici ne suspectera la sincérité, que nous nous voyons forcé de traduire devant vous des hommes dont le talent, recommandable par lui-même, est aujourd'hui consacré à la défense d'une cause qui fut la nôtre avant d'être la leur, et que nous n'avons pas cessé de chérir, celle de la liberté religieuse, celle de l'indépendance mutuelle de l'ordre civil et de l'ordre religieux.

Comment, d'accord sur le principe, pouvons-nous être contraires sur les résultats? Comment, partis d'un même point, nous rencontrons-nous en adversaires dans une carrière que nous n'aurions dû parcourir qu'en alliés? C'est que les passions, Messieurs, corrompent tout ce qu'elles touchent; c'est que la vérité même, sous leur funeste influence, peut se changer en erreur, et en erreur punissable.

Toutefois, Messieurs, un devoir nous est imposé dans cette cause, c'est de ne pas confondre dans nos poursuites les vérités que nous approuvons avec les erreurs que nous devons combattre. Notre attention sera de distinguer toujours ce qu'il y a de vrai dans les doctrines des prévenus avec ce qu'il y a de faux, d'injuste, d'effréné dans leurs attaques. L'accomplissement de ce devoir nous force d'entrer dans quelques développements préliminaires qui, dans une autre cause, pourroient paroître superflus.

Toute société, dans ses rapports avec le culte, passe successivement par trois périodes, qui marquent les différents degrés de civilisation où elle est parvenue. Dans la première époque, c'est-à-dire, dans l'enfance des sociétés, le culte ne se distingue pas du gouvernement : c'est lui qui régit l'Etat; les dépositaires du pouvoir ou sont les ministres, ou leur obéissent; là la raison religieuse est la première raison d'Etat; les dissidents sont ou exterminés, ou réduits à la condition de paria; leur culte est proscrit, ou du moins il est pour eux une cause de disgrâce et d'infériorité. Là aussi l'intolérance est le principe avoué du gouvernement. C'est de cet état de choses que vous voyez sortir tour à tour l'inquisition, la ligue, la Saint-Barthélemy, les dragonnades.

A mesure que les esprits s'éclairent, ce joug devient intolérable ; alors commence une seconde époque, époque de transaction et de transition. Ici l'Eglise et l'Etat se considèrent réciproquement comme deux puissances distinctes qui traitent entre elles, d'égale à égale, et établissent des rapports mutuels. D'une part, l'Etat considère le culte comme un besoin social, qu'il se charge de satisfaire. Il en salarie les ministres, il leur prête des temples, il leur confère une mission d'un caractère public, il les place à la tête de l'enseignement, il en fait en un mot de véritables fonctionnaires publics qu'il rétribue et qu'il protége. En retour, il stipule en sa faveur certaines conditions, il exige certains services et certaines garanties, il intervient dans le choix des ministres du culte, il se réserve son droit de police dans les temples, il impose la reconnaissance de certains principes, il demande des prières pour le prince.

Ce sont là les conséquences logiques d'un principe défectueux. Des conséquences logiques..., car l'Etat qui donne a droit de recevoir. D'un principe défectueux..., car la confusion de l'ordre civil et de l'ordre religieux est pour chacun d'eux une cause de trouble et de corruption. De plus, l'équilibre entre eux n'est pas possible, il faut toujours que l'un opprime l'autre. Sous le gouvernement très-temporel de l'empire, le clergé fut sous la dépendance du pouvoir civil ; il ne fut qu'un instrument dans ses mains. Sous le gouvernement dévot de la restauration, le clergé devint oppresseur, et le pouvoir civil ne fut à son tour qu'un instrument du sacerdoce. De là ces lois de sacrilége, cette guerre livrée à l'enseignement laïque et surtout à l'enseignement mutuel, ces profusions du budget en faveur du haut clergé, ces poursuites judiciaires contre les dissidents qui méconnoissoient les dogmes de l'Eglise dominante, ces tentatives pour forcer les protestants de concourir aux solennités du culte catholique.

Une plus juste appréciation de la nature des choses donne naissance à un troisième régime, fondé sur la séparation, sur l'indépendance réciproque de l'ordre religieux de l'ordre civil. Ici l'Etat rend au culte toute sa liberté ; il ne se mêle plus des choses de la religion (à part les nécessités de police et d'ordre public) ; en récompense, il livre le culte à lui-même ; les ministres de la religion ne sont plus que de simples particuliers, qu'ils ne paient, qu'ils ne protégent plus. Les temples sont construits, entretenus aux frais des fidèles ;

mais aussi le prêtre est souverain dans son église, et le pouvoir civil demeure étranger à son institution.

Le premier de ces trois états fut le nôtre au moyen âge; il commença à s'altérer sous Louis XIV, il finit à l'époque de la révolution. Le second commence au dix-septième siècle, lors de la formation d'une Eglise gallicane; il prit quelque consistance sous l'assemblée constituante, par la constitution civile du clergé, fut définitivement fondé par le concordat de 1801, et a continué de subsister jusqu'à ce jour, malgré le principe de liberté écrit dans la Charte de 1814. Le troisième est celui qui tend à s'établir aujourd'hui par suite de la glorieuse révolution de juillet et des progrès de la civilisation. C'est ce principe d'indépendance mutuelle que les auteurs de *l'Avenir* ont pris pour enseigne. Ils réclament la liberté absolue, ils répudient la protection du pouvoir. Jusqu'ici nous n'avons qu'à leur applaudir.

Nous ne chercherons pas même si cette honorable profession de foi ne cacheroit pas quelque arrière-pensée. Le clergé, il est vrai, a toujours eu pour tactique de réclamer la protection quand les circonstances le favorisent, et quand elles lui résistent, de se réfugier dans la liberté, jouant ainsi un jeu toujours sûr, où toutes les chances sont pour le gain, nulle pour la perte. Avant la révolution, il réclamoit la protection des princes; pendant la révolution, il réclama la liberté; à la restauration, il revint à vouloir être protégé. C'est alors qu'il flétrissoit du nom de *loi athée* la loi qui fondoit la séparation salutaire de l'ordre temporel de l'ordre spirituel. Après les élections de 1827, il fit contre les ordonnances de juin un nouvel appel à la liberté; au 8 août 1829, il ressaisit le privilége; depuis le 29 juillet, il invoqua de nouveau la liberté. (*Mouvement*).

Mais nous n'avons point à scruter les intentions, et nous voulons croire à une conversion que l'esprit élevé de l'écrivain nous autorise à supposer sincère.

Ici l'orateur du ministère public se demande comment, partis d'un principe vrai, les prévenus ont pu tomber dans des écarts punissables. Il expose les faits de la cause. Le gouvernement, conformément à l'article 5 du concordat, a nommé à des évêchés vacants; c'étoit son droit, car tant que les lois sont en vigueur, elles doivent s'exécuter. Il est permis de voir dans le concordat, et le ministère public est disposé à partager cette opinion, une loi vicieuse, et qu'il convient de réformer aussitôt que la chose sera possible; mais enfin cette loi existe, elle se rattache à tout un système de législation; or, comme un système de législation ne peut s'effacer que devant un autre système, il ne peut disparoître instantanément sans être remplacé.

Toutefois, si les prévenus se fussent bornés à censurer, même avec amertume, les actes d'un ministre ou d'un ministère, ils ne pourroient être poursuivis, leur censure fût-elle injuste, car la liberté d'opinion implique le droit de se tromper. Mais ils ont fait plus, ils ont attaqué le gouvernement du Roi dans son principe et dans son essence.

Ici M. l'avocat-général définit ce que la loi entend par le gouvernement du Roi. Ce n'est point le pouvoir exécutif, pouvoir mobile et responsable, c'est cet ensemble de pouvoirs et d'institutions qui survit à tous les ministères, et qui représente la société elle-même, à chacun de ses divers périodes. M. l'avocat-général passe ensuite à la discussion des articles.

Le premier, celui de M. Lacordaire, commence par une catilinaire violente contre le gouvernement sorti de la révolution de juillet. Il travestit de la manière la plus étrange les actes du gouvernement à l'égard des catholiques, qu'il représente comme opprimés et persécutés ; il semble les menacer du retour des persécutions des Néron et des Dioclétien. Quel abus ! quel enivrement de la parole !

Arrivant au deuxième article, celui de M. de La Mennais : Le titre seul, dit-il, est un outrage. *Oppression des catholiques !* Quoi donc ! les catholiques sont opprimés en France ! Eh ! quel droit leur est refusé ? quel avantage leur est interdit ? On concevroit un pareil langage dans la bouche des protestants dans les dernières années de Louis XIV, mais dans la bouche des catholiques, et en 1830 !

L'auteur dénature également les actes et les intentions du gouvernement. Il ne montre aux catholiques d'autres perspectives que d'aller habiter les déserts de l'Amérique. Quel égarement d'imagination ! Enfin, il va jusqu'à l'offense et la menace envers le trône.

La défense, dit en terminant l'orateur, vous parlera, et sans doute avec talent, du principe de la liberté religieuse, nous l'avions proclamé long-temps avant les prévenus ; de la séparation nécessaire de l'Eglise et de l'Etat, nous en reconnoissons comme eux la nécessité ; de la libre censure des actes des ministres, c'est un droit que nous leur avons accordé. Mais vous aurez à décider s'il n'y a point autre chose dans leurs écrits que la défense d'un principe salutaire et l'usage d'une faculté légitime ; si leurs articles ne sont point une véritable déclaration de guerre à l'ordre nouveau qu'a enfanté notre miraculeuse révolution ; s'ils ne contiennent pas un appel au fanatisme religieux, à la haine du gouvernement ; s'ils n'ont point pour effets de soulever contre lui les catholiques, en les effrayant de persécutions imaginaires. Auteurs de *l'Avenir*, vous ne voulez point sans doute, nous aimons du moins à le croire, susciter dans votre patrie les horreurs de la guerre civile ; êtes-vous bien sûrs pourtant qu'aucune étincelle de l'incendie qui jadis consuma la Vendée, ne couve encore sous la cendre ? êtes-vous sûrs que le poignard de Trestaillon soit à jamais brisé ?

PLAIDOIERIE DE Me JANVIER (EUGÈNE), *avocat à la Cour royale d'Angers.*

J'ai accepté comme un immense honneur la défense de l'illustre accusé auquel la justice croit pouvoir et devoir aujourd'hui demander compte des inspirations de son génie et de sa piété. Faut-il vous confesser les rêves de mon ambition ? Un instant je me suis imaginé que dans cette circonstance solennelle, associé au sien, mon nom ignoré, en recevroit quelque reflet de gloire.

Maintenant je n'affecterai pas de me répandre en formules de modestie ; mais, croyez-moi, semblable à ces athlètes dont le cœur cède et faillit à l'entrée de l'arène où ils s'élançoient en espérance, je regrette, pour des illusions d'orgueil abandonnant mes travaux accoutumés, d'être venu jusqu'en cette enceinte affronter des comparaisons accablantes, et y compromettre dans une lutte inégale les obscurs succès que j'ai pu conquérir au fond de ma province.

Ce titre de défenseur de La Mennais, m'a séduit, entraîné à tel point, que je l'ai osé prendre sans songer aux obligations qu'il m'imposeroit. Le ministère de l'avocat implique protection pour le client ; or, qui suis-je, pour avoir supposé que ma voix serviroit à un si grand talent, à une si grande vertu, que je m'étonne de la nécessité de leur prêter un secours quelconque ?

Je l'avoue, j'ai besoin de me rappeler la loi suprême de l'égalité des citoyens, pour ne pas m'écrier au scandale en voyant traduire au pied de votre tribunal, ainsi qu'un criminel vulgaire, l'homme devant lequel je serois tenté de m'incliner seulement et de me taire ; m'en rapportant à vous de prononcer dans la spontanéité de vos consciences un de ces jugements qui retentissent bien au-delà du sanctuaire, et quelquefois appartiennent à la postérité. Tant d'événements prodigieux, accomplis ou imminents, ont cependant laissé place à ce procès dans l'intérêt et dans l'attente des peuples. Le monde catholique s'est ému à la nouvelle que celui dont il est accoutumé à lire les écrits avec tant d'enthousiasme et de vénération, sous prétexte de défendre l'Eglise, cherchoit à bouleverser l'Etat, et qu'il prostituoit ces facultés puissantes que Dieu lui a départies pour de nobles fins, au vil métier de factieux et de libelliste.

Cette accusation n'auroit jamais dû naître. A peine a-t-elle été soulevée par la justice, que l'opinion s'est soulevée contre elle. Pas un seul instant elle n'a trouvé croyance et sympathie dans les rangs des amis de l'indépendance de la pensée. Depuis long-temps ils ont reconnu pour un des leurs le prêtre ultramontain qu'à la faveur de quelques dissidences on voudroit leur faire passer pour un ennemi. Ils ont compris qu'un grand principe étoit personnifié en lui : ils ne sauroient rester indifférents à sa défaite ou à sa victoire. (*Sensation.*)

Ceux-là seuls dont le cœur se ferme à l'avenir et ne palpite pas au nom sacré de Dieu et de la liberté, peuvent se réjouir d'une poursuite qui flatte leurs secrets ressentiments, quoiqu'elle ait une destination contraire. Toutefois, ils se tromperoient de penser que celui sur lequel elle frappe en éprouve autant de dépit qu'ils le souhaiteroient. Ce n'est jamais impunément que l'on entreprend le rôle de réformateur(1) ; et celui dont le courage ne décline pas une mission pareille, sait à l'avance à quels risques il l'accepte. Le plus souvent, de dures épreuves lui sont réservées, et ce n'est qu'au travers de la persécution qu'il arrive au triomphe de ses généreux paradoxes. La liste seroit longue de ceux qui ont expié le forfait sublime d'avoir révélé aux hommes des vérités inconnues, ou rappelé des vérités oubliées. M. de La Mennais ne s'est pas flatté qu'il échapperoit au sort commun à ses devanciers dans une carrière où il s'estime encore des plus heureux. Il lui messiéroit de se plaindre, puisque vous êtes ses juges ; et d'ailleurs, quand l'aspect d'une cour d'assises lui causeroit quelque déplaisir, c'est acheter d'un foible prix l'avantage de produire ses doctrines au grand jour de la plus éclatante des publicités, de la publicité judiciaire. Le propre des accusations de la presse est de populariser les idées qu'elles tendent à proscrire. L'écrivain qui a conscience d'avoir rempli un devoir, aggrave noblement, à la face de la justice, son crime prétendu. Il est fier de voir la vérité accusée en lui. Honte à lui s'il la renioit par de lâches hésitations. A bien dire, Messieurs, il ne la justifie pas, il la glorifie ! (*Mouvement.*) Aussi ne croyez pas que moi qui sers d'organe à M. de La Mennais, je vais me traîner péniblement sur chaque mot, sur chaque phrase que tourmente l'accusation, afin d'obtenir par une argumentation ignoble une absolution flétrissante. Ce n'est pas pour sa personne, c'est pour sa religion que M. de La Mennais m'a donné un mandat

---

(1) Ce mot de *réformateur* est une des expressions que quelques personnes se sont plu à interpréter dans un sens odieux. M. de La Mennais a entrepris de réformer la société à l'aide de la religion, voilà évidemment ce qu'a voulu dire son défenseur ; et ce seroit une mauvaise foi trop absurde que de détourner le sens de cette parole, pour l'entendre d'une réforme de la religion même.

que je ne trahirai point. Je ne suis pas, j'en conviens, de ceux auxquels il est permis de s'écrier dans le temple des lois, avec cet accent qui pénètre et qui impose: *C'est un catholique qui vous parle:* je me présente ici avec les mêmes idées qui, en un autre temps, firent de moi un ardent critique de la loi du sacrilége, et qui déterminèrent ma signature au pied d'une consultation donnée par mon barreau en faveur du *Courrier français,* consultation qui fut qualifiée, par l'esprit de parti, de monument d'impiété, qui ne l'étoit que de tolérance.

Toujours et pour tous, j'ai voulu la liberté religieuse, etc'est pourquoi la liberté de la presse, coupable, si c'est l'être, de l'avoir revendiquée, excite doublement ma sollicitude et mon zèle. Je ne discuterai pas la cause du haut de l'orthodoxie chrétienne; je m'attacherai au contraire à traduire en langage profane les pieuses conceptions de mon client; je les abaisserai en quelque sorte au niveau d'un système, produit de l'intelligence humaine, mais qui mérite, au lieu d'une réprobation juridique, le respect et l'admiration que commande toute conviction élevée et sincère.

M. de La Mennais m'a chargé de vous le dire; depuis 15 ans il travaille à régénérer(1) le catholicisme et à lui rendre, sous une forme nouvelle et avec des progrès nouveaux, la force et la vie qui l'avoient abandonné. Nuls efforts, nuls dégoûts, nuls périls ne le rebuteront. Il n'est homme à se laisser ni intimider par ceux qui trouvent son entreprise odieuse, ni décourager par ceux qui la trouvent inutile. Il sait quels sont les premiers : ils ne sont pas nombreux; ce sont quelques adeptes de cette philosophie fanatique de destruction et qui avoient pris pour dernier mot : *Ecrasez l'infâme.* A Dieu ne plaise qu'il confonde avec elle cette philosophie qui ne calomnie pas le catholicisme dans le passé, qui se borne à proclamer son impuissance dans l'avenir ! Suivant elle, et suivant sa formule de prédilection, les dogmes chrétiens ont parcouru de magnifiques destinées, mais qu'ils ne peuvent plus recommencer. Dans ces

---

(1) On a voulu abuser aussi de cette phrase. Il est assez clair pourtant, et par tous les écrits de M. de La Mennais, et par le discours de son défenseur, qu'il s'agit, non point de régénérer le catholicisme en lui-même, mais de le régénérer dans les intelligences qui l'ont laissé s'affoiblir ou s'éteindre en elles, en le leur offrant tel qu'il est, et non tel que le gallicanisme et la philosophie incrédule le leur ont montré. Il s'agit, en un mot, d'employer des moyens humains, pour détruire les causes humaines qui ont entravé l'action du catholicisme. Ces moyens sont renfermés dans un seul, la science, c'est-à-dire, un ordre de conception qui, en développant ce qui est contenu dans la foi, présente la base de toutes les vérités et ces vérités elles-mêmes sous des formes, des points de vue nouveaux, appropriés à l'état actuel des discussions.

brillantes et profondes écoles du dix-neuvième siècle, on compareroit volontiers le catholicisme à un arbre majestueux qui a nourri de ses fruits et abrité de sa verdure une longue suite de générations, mais que les vers ont gagné par les racines, qui n'a plus de sève que dans de lointains rameaux, et qui avant peu d'années se dissoudra en poussière.

M. de La Mennais n'est point ébranlé par l'éloquence de ces prophètes de mort. Il pense, quant à lui, que la fécondité de sa religion n'est pas épuisée, et que des efforts humains peuvent ranimer son action suspendue par des causes purement humaines. M. l'avocat-général vous a dit qu'il avoit ses préliminaires ; j'ai les miens aussi, étendus, prolixes peut-être, mais essentiels. Pour vous mettre à même d'apprécier la tendance générale des écrits de M. de La Mennais et spécialement du journal poursuivi, je dois vous exprimer comment et pourquoi, d'après mon client, le catholicisme est tombé en décadence. Sa décadence mérite d'autant plus d'être expliquée, qu'aujourd'hui l'on ne peut plus, sans une déloyauté ou sans une ignorance insigne, contester qu'il soit le père de la civilisation moderne. Sans lui, au moment de l'invasion, l'empire romain n'eût plus été qu'un grand cadavre rongé par tous les vices et dont les hordes du Nord auroient fait leur pâture. C'eût été un indissoluble mélange de corruption et de férocité que cette irruption immédiate de la barbarie contre le paganisme. Quelle incrédulité ne s'inquiéteroit en songeant aux miracles qu'enfanta alors la doctrine du Christ. Si elle n'eût été pleine de l'esprit de Dieu, elle eût soufflé en vain sur des ossements, elle ne les eût pas ressuscités : si elle n'eût été inspirée du Ciel, sa voix se fût épuisée en criant aux flots de la conquête : *Vous n'irez pas plus loin.* Elle eut la puissance de replacer l'harmonie dans le chaos social. On eût dit un nouveau soleil qui se levoit sur la vieille Europe rajeunie par ses rayons, et qui de plus en plus l'a inondé de lumière et de liberté. (*Mouvement d'approbation.*)

Quand on veut être ingrat, on trouve toujours moyen de pallier son ingratitude, et si le bienfait est certain, on équivoque sur le bienfaiteur. Ainsi font ceux qui, confondus par les prodiges évidents du christianisme, abjurent toute reconnoissance envers le sacerdoce et affectent de la reporter exclusivement à l'Évangile. Quelle étroite partialité ! Ils ne comprennent donc pas que l'Évangile n'eût été aux yeux des peuples qu'une lettre morte, qui a eu besoin d'être vivifiée par l'Église. Ses travaux ont été comme ceux du laboureur habile à préparer la terre, avant d'y déposer la semence qui germe dans son sein et s'élance en épi, tandis qu'elle se fût séchée sur un sol sans culture.

Qu'on ne pense pas que chaque chrétien qui s'est senti capable d'instruire ses frères, ait cherché de son côté à moissonner des ames. L'unité de direction étoit nécessaire pour que la récolte fût abondante. En ne considérant les choses que sous le point de vue philosophique, le christianisme ne pouvoit pas débuter par la prédication des *quakers;* le sacerdoce eût été sans autorité, s'il se fût réduit à l'inspiration accidentelle, individuelle. L'Eglise n'a converti les nations que grâce à sa hiérarchie; autrement il lui eût été impossible de maintenir l'identité de la foi ; et qui ne sait qu'une doctrine quelconque n'a la force du prosélytisme, qu'autant qu'elle s'annonce avec ce caractère invariable, universel, qui est le signe ou du moins la splendeur de la vérité. C'est la centralisation de la puissance sacerdotale qui a déterminé ses succès dans le monde, et il est frappant combien la désorganisation ecclésiastique a correspondu à la désorganisation politique. Toutes les deux étoient en France au comble, quand Charlemagne, fidèle aux exemples de son père, et quoiqu'on ait cherché par des faits de détail à dénaturer la source essentielle de son autorité, fit de l'empire une dérivation de la papauté. Le souvenir de celle-ci n'étoit pas éteint en deçà des Alpes, mais son influence s'y étoit paralysée depuis près de deux siècles, par d'effroyables désordres. De Léon III à Grégoire VII, il y eut un nouveau et long bouleversement auquel encore la papauté mit fin. Toutes les fois qu'elle marcha et grandit, elle emporta l'humanité dans son mouvement d'ascension, elle l'emporta de telle sorte que tout ce que celle-ci possède de bonheur et de vertus, elle le doit au Christ, mais par l'entremise de son Vicaire. Si donc nous avions les idées des païens qui décernoient l'apothéose aux bienfaiteurs de l'humanité, nous placerions les papes au rang de ces dieux que leur gloire est d'avoir chassé du Ciel, où ils usurpoient la place du Dieu unique et infini. (*Marques de surprise, approbation.*) En les réhabilitant ici par une éclatante apologie, je heurte sans doute des opinions invétérées. Moi-même j'ai été obligé de faire violence à mes propres préjugés pour me réconcilier, j'entends quant au passé, avec le *papisme.* Pourquoi nous insurgeons-nous contre le mot, et surtout contre la chose? Parce que nous ne sommes plus catholiques ou que nous ne le sommes qu'à demi. Si nous l'étions encore, si nous l'étions tout-à-fait, nous nous prosternerions en esprit aux pieds de cette hiérarchie qui remontoit de l'humble pasteur du hameau jusqu'au pasteur suprême dont le doigt armé de l'anneau symbolique lançoit des bénédictions *à la Ville et au monde.* Si les croyances de nos pères ne nous avoient désertés, comme eux nous adorerions la théocratie, et nous serions portés vers elle de tout l'amour qu'aujourd'hui la démocratie nous inspire. C'est absence ou tiédeur de foi qui nous amène à comparer l'influence pacifique du souverain Pontife à l'intervention violente d'un souverain étranger. Ah ! sans doute, étranger pour les gouvernements actuels; mais dans ces temps de ferveur où les principautés de la terre faisoient profession officielle de catholicité, sous peine d'une inconséquence qui eût été une apostasie, elles devoient une soumission rationnelle au chef visible de la chrétienté. A cette époque, par la force des principes, la tiare plana, au-dessus des couronnes, de toute la hauteur du ciel à la terre. Il a fallu un singulier courage d'érudition pour fouiller la légende des Papes, afin d'y découvrir tels qui se seroient souillés par d'abominables crimes, qui auroient abusé de leur puissance spirituelle dans des vues terrestres et mondaines. Ces détails, diroit M. Cousin, sont tout au plus dignes de la biographie; la majesté de l'histoire les rejette. Elle ne juge les institutions politiques et religieuses que par leur action générale sur la société. Or il est manifeste que l'Eglise se mouvant dans l'unité du Pape, imposante et mystique figuration de celle de Dieu, a servi en grand la vérité et la justice. C'est elle, on l'a souvent rappelé, qui a substitué à la servitude le servage; pas immense et le plus difficile peut-être dans la carrière de l'affranchissement de l'esprit humain. C'est elle qui a semé des notions de paix et d'ordre, qui a suscité des sentiments de charité et d'égalité au sein de la féodalité. Elle seule, enfin, par ses saintes menaces, a pu tempérer la fougue de ces hommes de fer habitués à ne reconnoître que le droit du glaive; et, sauf de rares exceptions, les foudres du Vatican ne tonnèrent que contre les oppresseurs. (*Approbation croissante.*)

Ne croyez pas, Messieurs, que je m'abandonne ici à une digression historique hors de la cause. Je réponds très-directement et par nécessité, à ceux qui ignorent ou affectent d'ignorer que l'ultramontain est le libéral du catholicisme; qu'il adore dans le Pape l'unique défenseur du droit et de la justice sur la terre quand elle étoit possédée par la force, la charte vivante des hommes lorsqu'ils étoient livrés sans institutions et sans garanties aux caprices de leurs tyrans.

La preuve que l'ascendant pontifical s'exerça dans l'intérêt des peuples, c'est que les souverains de l'Europe, et les nôtres particulièrement, cherchèrent peu à peu à s'en affranchir. Qu'on ne dise pas qu'ils l'ont repoussé parce qu'il entravoit non-seulement leur liberté, mais la liberté de leurs sujets. Si telle eût été leur pensée, si le catholicisme ne leur eût semblé qu'un joug commun, que ne le brisoient-ils pour tous; que n'appeloient-ils leur nation sous la bannière du protestantisme ! Ici, je vous en préviens, je ne parle qu'en mon nom; j'ignore si la piété de mon client lui permettroit de choisir entre l'hérésie et l'hypocrisie; en ce qui me touche, mon choix n'est pas douteux : je regrette, pour l'honneur de nos monarques, qu'ils ne se soient pas faits plutôt hérésiarques déclarés que schismatiques cauteleux. Que ne prenoient-ils la résolution d'en finir ouvertement avec Rome ! La Rome des Césars, en devenant la Rome des papes, a perdu ses légions ; elle n'eût employé que les armes spirituelles pour retenir le royaume des Francs dans les liens de son antique obéissance. Le Père des chrétiens eût fait entendre ses plaintes, ses prières, ses conseils : et s'il n'eût pas été écouté, empruntant au prophète des paroles de deuil et de colère, il eût dit aux rois infidèles : *Je me suis fatigué à vous rappeler, et vous vous êtes détournés de moi ; c'est pourquoi j'étendrai ma main sur vous. Que ceux qui doivent aller à la mort aillent à la mort ; à mon tour je me suis retiré de vous.*

Mais les principes religieux de Calvin qui conduisent aux principes politiques de Jurieu, l'inventeur de la souveraineté du peuple, ne pouvoient convenir au prince qui affectoit de répéter : *L'Etat, c'est moi.* Il se garda bien d'une scission loyale avec le Saint-Siége ; il s'accommoda mieux de ce schisme bâtard connu sous le nom de *gallicanisme,* et qui est au *catholicisme* ce que *l'anglicanisme* est au *protestantisme.* Louis XIV en France, comme Henri VIII en Angleterre, voulut investir le despotisme d'une sanction religieuse. Par des moyens différents il arriva au même but. Il seroit injuste toutefois d'en faire retomber sur lui seul la responsabilité. Il est certain qu'il ne fit que suivre en la poussant à bout la tendance machiavélique des rois de France, à partir du douzième siècle, tendance qui consistoit de leur part à se placer au-dessus de l'Eglise, avec la précaution de laisser leurs sujets au-dessous. Ils furent induits dans cette combinaison subtilement tyrannique par les jurisconsultes qui exhumèrent de la législation romaine les axiomes sur l'absolutisme des empereurs. D'immenses efforts furent tentés pour concilier l'Evangile avec le digeste, et arriver à établir que les peuples appartenoient corps et ame au souverain, et que les prêtres, de même que les guerriers, étoient les aveugles instruments de sa puissance.

Louis XIV, contre lequel M. l'avocat-général a justement soulevé la plainte des protestants proscrits, assassinés, et contre lequel, moi, à mon tour, j'élève la plainte des vrais catholiques, Louis XIV mit la dernière main aux abominables maximes que lui avoient léguées ses prédécesseurs. Il dicta au clergé de son royaume, et transforma ensuite en édit cette déclaration de 1682, qui, suivant l'orthodoxie de mon client, suivant ma philosophie à moi, n'est qu'une dérision amère de la liberté civile et religieuse.

J'en suis encore à comprendre comment devant elle s'extasient des hommes d'une rare bonne foi, d'une immense capacité. C'est qu'ils sont imbus des traditions parlementaires, traditions respectables à beaucoup d'égards, mais que répudie le jeune libéralisme.

En effet, sans presser beaucoup la déclaration de 1682, il est facile d'en faire sortir, au nom de Dieu et au profit des rois, le despotisme religieux et politique.

Et d'abord, les rois qui s'affranchissent de l'autorité ecclésiastique, se font, par une ombre de cette puissance, déclarer tenir leur couronne directement et immédiatement de Dieu. Il suit de là que jamais leurs sujets ne peuvent être déliés du serment de fidélité et d'obéissance envers eux ; qu'ainsi carrière est donnée à leurs passions et à leurs erreurs ; quoi qu'ils fassent ils sont inviolables ; ils n'ont pas besoin d'avoir raison pour légitimer leurs ordres. Par le caprice de leur volonté ils créent le bien et le mal, le juste et l'injuste ; ils veulent, et tout est dit ; que les peuples s'inclinent, car qui leur résiste *résiste à Dieu même.*

C'est en ce sens monstrueux que des prélats français consentirent à interpréter le précepte de l'Apôtre. Et qu'on ne m'impute pas d'exagérer la servilité gallicane ; si elle avoit besoin de commentaires, je les emprunterois aux plus ardents apologistes de la d claration de 1682. Ouvrez nos vieux recueils de jurisprudence, ou plutôt, sans remonter si loin, un évêque ministre ne s'est pas fait faute de professer à l'égal d'un dogme chrétien que la souveraineté monarchique, qu'il décore du nom de légitimité, étoit inamissible, et que le souverain, légitime par le seul fait de sa naissance, ne pouvoit être déchu, quand même il seroit *persécuteur et tyran.*

Le clergé a été cruellement puni de tant de condescendance. On a retourné contre lui les armes qu'il n'avoit cru fournir que contre le peuple. Ceux qui s'étoient institués les organes du sacerdoce français, avoient accordé au prince un pouvoir sans contrôle et sans bornes *dans les choses temporelles.* Le vague de ces expressions fut habilement exploité. En vertu de la théorie qu'à ma surprise extrême a reproduite M. l'avocat-général, la religion fut comprise dans le domaine temporel, en tant que se reproduisant sous des formes extérieures. Même les points de foi tombèrent sous la juridiction civile dès qu'ils passèrent du for intime dans les bulles des papes, les canons des conciles, et les mandements des évêques. Le Roi eut la haute-main sur la liturgie ; il ne fut pas permis d'instituer ni de modifier les prières sans son agrément ; il s'attribua aussi le réglement de la discipline, et par suite le droit de permettre ou de défendre les assemblées ecclésiastiques. Enfin la magistrature s'établit surveillante du sacerdoce ; elle ordonna par arrêt d'accorder la sépulture aux cadavres des excommuniés ; elle se fit distributrice des sacrements ; elle osa pénétrer les mystères du confessionnal. Qui le croiroit ! la justice humaine ordonna au prêtre de délier le pécheur devant la justice de Dieu. Et j'en douterois si mon client ne l'avoit

attesté sur la foi de l'histoire, plus d'une fois un huissier, porteur
d'une grosse exécutoire, vint briser avec sa verge les portes du taber-
nacle, et instrumentant contre le Dieu caché sous le pain, commit
ce qu'un catholique a droit de nommer le déicide. Voilà, Messieurs,
en quoi consistèrent les libertés gallicanes que certains ne pardon-
nent pas à mon client de détester. Jamais il n'a déguisé son dégoût
et son horreur pour elles. Incessamment il a dit anathème sur la
déclaration de 1682, et sans renier la science et la vertu de Bossuet,
il a pleuré et maudit sa foiblesse ; peu s'en est fallu, je crois, qu'il
n'ait accusé Bossuet d'avoir fait, du moins en France, plus de mal
que Luther, au catholicisme. (*Mouvement.*)

En effet, le catholicisme, réduit à ne plus être qu'instrument et
victime de la tyrannie, déchut rapidement dans le respect et dans
l'amour des peuples. J'ai indiqué en commençant de quels outrages
la philosophie l'abreuva ; la politique fut plus inexorable encore.
L'autel, témérairement adossé au trône, en partagea les désastres,
parce qu'il parut solidaire avec lui. Se prévalant avec inflexibilité
des principes qu'un siècle avant, avoit souscrits une partie du clergé
français, la révolution, cette formidable logicienne, en toutes
choses, voulut refaire la constitution de l'Église, comme elle avoit
refait celle de l'État. Et quand les prélats et les prêtres, dont le
malheur avoit trompé le zèle, voulurent prétexter contre l'application austère et radicale des maximes gallicanes, ils furent envoyés
en masse à l'échafaud. La proscription du catholicisme lui a regagné
les cœurs. A force de souffrir ils avoient retrouvé le besoin de croire.
Ils se réfugioient dans la religion comme dans un port assuré contre
les tempêtes politiques. Le christianisme étoit replacé dans sa liberté
primitive, liberté douloureuse, mais réelle. A défaut des catacombes,
il célébroit ses mystères dans la profondeur des bois et sous les
voûtes du ciel. L'instant étoit propice pour lui, mais il ne jouit pas
long-temps de l'indépendance que lui avoit procurée la persécution.
Un nouveau despotisme s'éleva, qui sentit la nécessité d'en faire de
nouveau son complice et son esclave. Force fut au troupeau des
fidèles de subir l'alliance avec le lion des batailles. Son influence
déclina derechef. On ne vit plus en lui qu'un moyen de police et
d'administration ; on fut porté à croire qu'il n'avoit d'autre utilité
que de chanter incessamment des *Te Deum* en l'honneur de nos
armes toujours victorieuses, et d'enseigner par préférence dans le
catéchisme, non le chapitre des droits du peuple, qui ne s'y rencontroient pas, mais les deux ou trois chapitres qui énuméroient et re-
commandoient les devoirs envers S. M. l'empereur et roi.

La restauration vint. M. l'avocat-général vous a parlé de ses pré-
dilections pour le catholicisme : je reviendrai probablement sur ce

point ; dès à présent , je reconnois qu'elle combla plusieurs de ses ministres de dignités et de richesses. La restauration dora les chaînes du clergé, elle ne les brisa pas ; si elle le caressa, ce fut pour mieux l'asservir et pour mieux s'en servir. Malheureusement il se laissa séduire ; il se fit le champion du pouvoir absolu, et la religion, qui ne se sépare du clergé que par une abstraction au-dessus du sens commun , tomba plus que jamais dans un discrédit effrayant. Les vieux ressentiments étoient usés ; ils ne ressuscitèrent que chez un petit nombre ; la multitude se détacha sans colère , avec ce calme insultant qui règne dans des adieux adressés à un ennemi que l'on ne craint plus, et que l'on fuit pourtant, parce qu'on est lassé de combattre. (*Bien ! bien !*)

Tel étoit, Messieurs, l'état des esprits, lorsque M. de la Mennais résolut de les tirer du marasme où ils étoient plongés. Il s'étoit préparé par de longues méditations à l'œuvre qui désormais devint celle de sa vie entière. C'est la marque des intelligences supérieures de se proposer un but fixe et déterminé, de varier les moyens pour l'atteindre, mais d'y tendre constamment. Le caractère est un des éléments du génie. Demandez à l'histoire si tous les grands hommes n'ont pas déployé cette infatigable persévérance, cette opiniâtreté sublime qui les a fait regarder au vulgaire commes les hommes du destin, et chargés d'accomplir ses immuables arrêts. Suivant moi, il n'y a pas fatalité en eux, il y a seulement aptitude ; mais, conscients de leurs prodigieuses facultés, ils croiroient les trahir en les éparpillant ; ils veulent, mais par une vocation libre, les concentrer , afin de laisser des monuments de leur passage sur la terre. Rappelez-vous ce que disoit Napoléon , si bon juge en pareille matière, justement parce qu'il y étoit partie, et la singulière estime qu'il professoit pour les hommes *carrés*, pour ces hommes qui soumettent toutes leurs pensées et tous leurs actes aux lois d'une inflexible géométrie. Le grand écrivain est comme le grand conquérant ; l'un se sert de sa plume avec la même tenacité que l'autre de son épée, pour imprimer des idées sur la face du monde. (*Applaudissements comprimés par le président.*)

Aussi M. de La Mennais ne s'est pas un instant départi de la direction où il a été poussé par sa foi, et les quelques lignes qui l'amènent devant vous ne sont qu'un extrait de ses nombreux écrits sur le même sujet. Or ce fragment détaché d'un immense édifice, ne peut être bien apprécié que par une vue rapide de l'ensemble. Il m'importe de détruire l'insinuation qui vous a été faite, que M. de La Mennais, depuis quelques mois seulement, auroit combattu pour la bonne cause, pour la cause de la liberté. Ce mérite que M. l'avocat-général a eu raison de réclamer pour lui et ses amis, j'ai le droit de le réclamer pour mon client, parce qu'en sa faveur aussi il a la consécration du temps. Ce n'est, de sa part, ni un jeu factice, ni une misérable tactique de circonstance : il est ce qu'il fut, ce qu'il sera toujours ; il est tel que M. l'avocat-général veut bien l'admettre, mais sous forme de louangeuses concessions ; et je veux que cela devienne, pour lui-même tout le premier, une conviction imperturbable.

M. de La Mennais s'appliqua d'abord à vaincre l'esprit de doute et de dédain contre le catholicisme, en établissant sa vérité d'après une solution nouvelle du problème de la certitude humaine. Je ne dirai pas, de peur de me renier moi-même, qu'il a supplanté Descartes ; mais il a eu l'honneur de rétablir la lutte entre la religion et la philosophie. Il a séparé les intelligences en deux camps, d'où elle se livrent de nobles combats, afin de savoir à qui restera le champ de bataille, de l'autorité universelle ou de l'évidence individuelle.

Du reste M. de La Mennais pensa dès-lors qu'il devoit descendre des hauteurs de la dialectique transcendentale, et se jeter, fort de ses doctrines, au milieu des faits. Il énuméra avec une analyse qui eut le tranchant d'un scapel et l'éclat d'un flambeau, les diverses causes qui avoient concouru à l'indifférence. Au premier rang il plaça cette monstrueuse prétention des gouvernements de ravaler la religion à l'égal d'une institution politique. Sans doute il rappela que dans l'antiquité, au contraire, la politique avoit été une institution religieuse, et qu'il en avoit été ainsi au moyen âge par rapport au catholicisme. Oui, à cette condition, il comprenoit qu'il y eût alliance, bien plus, que c'étoit là pour lui la constitution naturelle des sociétés. Je m'étonne que cette opinion ait froissé celle de M. l'avocat-général ; de la part de M. de La Mennais, elle consistoit à prétendre qu'il doit régner parmi les hommes une subordination du fait au droit ; prenez garde qu'il ajoutoit que l'Eglise n'aspiroit point à une domination matérielle ; qu'à moins de renier l'origine de son autorité, elle repoussoit un triomphe acheté par la force et souillé par le sang. M. de La Mennais faisoit même cette remarque, qu'il a plusieurs fois reproduite, que jamais l'Eglise n'avoit adopté le principe de la persécution, qu'il n'avoit jamais été mis en pratique que par les gouvernements, dans un but temporel, et le plus souvent au détriment des croyances qu'il sembloit vouloir défendre. Je crois me souvenir qu'à ce propos M. de La Mennais protestoit que l'Eglise avoit eu davantage à se louer de ses bourreaux que de ses protecteurs. (*Etonnement.*)

Ce sont les sacriléges inconvénients d'une sécularisation incomplète de la religion, qui ont amené M. de La Mennais à déclarer la guerre au gallicanisme. D'après les vives critiques auxquelles je me suis abandonné à son sujet, vous avez prévu que je ne récriminois pas pour le plaisir de récriminer, et que je ne faisois qu'anticiper sur les attaques que mon client a en effet dirigées contre lui. Tout à l'heure

vous serez convaincus que son seul crime est non pas d'avoir attaqué le gouvernement actuel en lui-même, mais ce qui en lui rap-
pelleroît la tyrannie religieuse on politique de 1682. Il est étrange
qu'une pareille accusation ait été portée contre lui en 1830. Passe
encore qu'elle l'ait été en 1826 ; cette dernière date explique tout
en matière de procès de presse. Le culte de la légitimité de droit
divin étoit alors dans sa ferveur ; pour l'entretenir on avoit cru faire
un grand acte de politique en obtenant de quelques prélats clan-
destinement rassemblés une adhésion équivoque à la déclaration de
1682. Ce qu'il y a de singulier, c'est qu'on essaya de duper le parti
constitutionnel, en célébrant la victoire remportée sur l'ultramon-
tanisme ; ce qu'il y a de plus singulier encore, c'est qu'on réussit
presque à populariser cette grossière duplicité. Jugez donc combien
vive fut la colère contre le prêtre et le citoyen courageux qui osoit
démontrer que les soi-disant libertés de 1682 impliquoient l'oppression
non-seulement de l'Eglise gallicane, mais de la nation française.
M. de La Mennais avoit prévu que son livre seroit défiguré par
l'ignorance des uns, par la malignité des autres ; qu'on le présen-
teroit comme le manifeste de ce *parti-prêtre* qui aspiroit, prétendoit-on, non à l'éducation morale, mais à l'administration civile du
royaume. M. de La Mennais donc, qui n'a jamais appartenu à aucune coterie ténébreuse, qui a toujours pensé, parlé et agi à la face
du soleil, à qui ses adversaires ne reprochent que trop de franchise
et d'abandon, avoit pris ses sûretés contre la calomnie. Il procla-
moit sans réticence et sans détour le seul genre d'influence qui fût
désirable et légitime pour le sacerdoce. (Ici l'avocat donne lecture
de divers passages du traité de M. de La Mennais sur les rapports de
l'ordre religieux et politique.) Après cette lecture, il reprend :

Vous voyez poindre, Messieurs, le système que plus tard M. de La
Mennais a développé d'une manière plus explicite et plus détaillée. Je
n'argumenterois pas de la suite et de la constance de ses opinions, si
on ne m'y avoit provoqué. Au surplus, je n'en argumente pas plus que
de raison : seulement vous n'oublierez pas qu'à la différence des
autres procès, dans les procès de la presse, la prescription est l'in-
dice et non le supplément de la bonne foi. Cela n'empêcha point
qu'en 1826, M. de La Mennais ne fût poursuivi pour un écrit publié
en partie en 1818. Il fut cité, non devant un jury, sur les bancs de
cette police correctionnelle si funeste aux écrivains : là, il fut accusé
au sérieux d'avoir manqué de respect à la déclaration de 1682,
d'avoir porté la main sur l'arche sainte du despotisme, à la façon de
Louis XIV, et d'avoir ainsi, au moins *éventuellement* et *abstractive-
ment*, contesté la légitimité de ses descendants.

Son délit fut estimé à 30 francs. Il dédaigna d'appeler de la sen tence, il paya l'amende, et la déclaration de 1682 n'en devint pas meilleure à ses yeux. (*On rit.*) Bien plus, il tomba volontairement en récidive : il eut ce redoublement d'énergie d'un auteur convaincu et condamné. Une occasion se présenta pour lui de réitérer sa profession de foi, et elle fut sublime d'éloquence, j'ai presque dit d'acrimonie.

Ce fut relativement aux ordonnances du mois de juin 1828, qui consistoient principalement à interdire l'enseignement aux Jésuites et à quiconque leur seroit affilié.

Je n'attaque pas les intentions dans lesquelles elles furent rendues ; elles furent l'œuvre d'une administration qui de bonne foi s'imaginoit pouvoir satisfaire, par des mesures parlementaires, aux exigences libérales. Ces ordonnances ne blessoient point M. de La Mennais dans ses intérêts de secte ; il y a long-temps qu'il a déclaré qu'il n'existoit aucuns liens passés et présents entre lui et la société de Jésus. Il a laissé entrevoir que le moindre défaut de leur institut étoit d'avoir subi le sort commun aux choses humaines, d'avoir vieilli, et de ne plus satisfaire aux besoins de l'époque. Mais son inopportunité n'étoit pas de nature à élever contre lui une incompatibilité légale. Ce fut l'avis de la partie philosophique du parti constitutionnel. Elle pensa que la question de liberté religieuse devoit dominer des antipathies ou des sympathies personnelles, et sous ce rapport M. de La Mennais, remontant à la source de l'arbitraire, se prit corps à corps avec la déclaration de 1682. Jamais encore elle n'avoit rencontré un si rude adversaire ; il la meurtrit des coups de son indignation, il la mit en lambeaux avec sa dialectique déchirante. Dans cette circonstance encore il ne dissimula pas sa préférence pour l'ordre qui, aux yeux de tout catholique, sera l'ordre en sa perfection, et dans lequel le Pape est non pas le souverain proprement dit, mais ce qui est bien différent, le casuiste suprême des sociétés et des individus. Toutefois, en comparant la séparation de l'Église et de l'État à celle de l'ame et du corps, M. de La Mennais s'y résignoit, pourvu qu'elle fût réelle et complète. Écoutez comment il provoquoit un divorce éclatant au lieu d'une union mal assortie. (L'avocat lit divers passages de l'écrit de M. de La Mennais sur les Progrès de la révolution politique et religieuse de 1829.)

Je recommande, continue-t-il, ces citations à vos souvenirs, Messieurs les jurés, car suivant que vous les trouverez innocentes ou criminelles, vous devrez absoudre ou condamner les phrases qu'on vous dénonce. Remarquez avec quelle large méthode je procède. Pour emprunter la langue de Bacon, je ne veux pas jeter quelques lueurs dans un coin reculé du temple, je veux allumer un grand flambeau qui l'éclaire tout entier depuis ses fondements jusqu'au faite. Je reprends les principes de M. de La Mennais à leur origine, et je vous fais assister à leur application progressive. (*Bien!*)

Voulez-vous dès à présent un signe de leur vérité, c'est la vertu prophétique qui étoit en eux et qui donna à leur intrépide défenseur la force de prédire la chute de la vieille monarchie. Il prévit que cette royauté, qui n'étoit ni catholique, ni libérale, que la royauté gallicane à l'instant du péril se trouveroit sans racines dans le cœur des Français, dont elle ne satisfaisoit ni la piété ni la liberté. Il prévit également, ainsi que l'avoit prévu un de mes amis, que la légitimité seroit brisée comme verre, du jour où conséquente à elle-même elle voudroit se soustraire au joug de la constitution. Jamais l'expérience n'a servi avec plus d'éclat de contre-épreuve à la pure intelligence. Mieux que moi vous savez juillet et ses dernières journées? Vous avez vu disperser dans vos rues les débris de ce trône, dont beaucoup ne soupçonnoient pas les misères, et à l'égard duquel se vérifia cette brusque saillie d'un grand homme, qu'un trône c'étoit quatre planches vermoulues et recouvertes d'un haillon de pourpre. (*Applaudissements.*)

Les vrais catholiques assistèrent spectateurs impassibles à ces sanglantes funérailles. Pourquoi se seroient-ils émus? ils ne furent pas même surpris. La catastrophe fut peut-être un peu plus hâtive qu'ils ne l'avoient prévu; elle étoit inévitable. Loin d'eux de la considérer sous le point de vue étroit de la personnalité. Dans l'ordre éternel des sociétés, qu'est-ce qu'une antique famille de rois chassée en exil? Un accident, un cas fortuit. Les jugements d'en haut ne fléchissent pas pour si peu, et celui qui les adore reconnoît aisément quand c'est un coup du Ciel qui terrasse un coup d'état; il sait, dans les colères du peuple, démêler la justice de Dieu. M. de La Mennais me désavoueroit si j'insultois en son nom à des infortunes qu'il plaint, qu'il respecte, car dans le malheur il reste toujours quelque chose de sacré. Mais il n'est pas de ceux qui se traînent terre à terre dans la douleur et le regret. Il voit bien au-delà de ces intérêts de dynastie qui trop long-temps ont occupé la première place dans les destinées des peuples.

Il n'eut point d'adulation pour le pouvoir déchu aux jours de sa prospérité; il peut aujourd'hui sans ingratitude lui refuser des lamentations stériles. Je m'explique à cet égard, parce que la haine *effrénée* qu'on lui suppose contre le nouveau gouvernement, ne prendroit apparemment sa source que dans un amour aveugle pour l'ancien. Il seroit vraiment curieux qu'on en fît un *carliste*. *Un carliste!* quelle pitié! Aimer, haïr des gouvernements pour leur origine ou pour leur forme! Croyez-moi, ces mesquines préoccupations ne sont pas les siennes. Une révolution politique lui a souri, parce qu'elle amène nécessairement une révolution religieuse ; l'une des deux ne reste jamais solitaire ; elle la précède quelquefois, mais elle l'appelle ; et il y a désordre jusqu'à ce qu'elles se soient rejointes. (*Sensation.*)

Le vœu le plus cher de mon client est de rendre en France leur double développement parallèle, harmonique. De là sa résolution de ne plus renfermer ses doctrines dans des livres apparoissant à de longs intervalles, mais de leur donner une publicité plus active et plus étendue par l'emploi de la presse périodique. Il n'a pas redouté ce superbe dédain qu'affectent certains esprits pour ce qu'ils appellent insolemment la *littérature de Journal*. On diroit des esprits si vastes qu'ils ne peuvent embrasser la science qu'en grand, et qu'on n'écrit pour eux qu'à la charge de composer des encyclopédies. Rien n'amuse et n'irrite comme de les entendre calomnier, sans les avoir lues, ou du moins sans les avoir comprises, ces productions, éphémères suivant eux, qui naissent, vivent et meurent en un jour. Hommes de vanité et d'ignorance, qui ne soupçonnent ni la civilisation, ni ses conditions providentielles !

Je me souviens d'avoir vu quelque part, et je crois dans le journal que je défends, *que la parole, l'écriture et l'imprimerie étoient trois moyens donnés aux intelligences pour se communiquer la vie avec la vérité.* N'ai-je pas raison d'ajouter que la presse périodique est le quatrième moyen, le moyen suprême de la propagande de la vérité ? Elle aussi est venue en son temps pour hâter à son tour la marche des intelligences. La maudire sous prétexte des erreurs et des crimes qu'elle engendre, c'est se condamner à maudire également l'imprimerie, l'écriture et la parole ; car ces puissances diverses, à l'aide desquelles la pensée se produit au dehors et remplit l'univers, impliquent leur usage ou leur abus. Dans tout ce que fait l'homme, dans tout ce qui sert à l'homme, le bien se mêle au mal ; et nul ne commettra l'absurdité sacrilége dont s'indignoit le *Socrate* du dix-neuvième siècle, de reprocher à Dieu de s'être trompé au grand jour de la création. Apparemment il a su mettre l'harmonie entre la nature et la destinée de l'homme ; et, dans les mystérieux conseils qui ont évoqué le néant à l'être, il avoit prévu que l'esprit emprunteroit à la matière des formes de plus en plus nombreuses et rapides de la manifestation des idées.

L'histoire est là pour attester quelle a été l'influence du passage des traditions aux manuscrits, et des manuscrits aux livres. Celui des livres aux journaux, ne sera ni moins heureux ni moins fécond. Nonobstant quelques écarts, la presse périodique restera fidèle à la loi de son apparition. Elle est chargée d'entretenir la vie de l'ame par son action continue, et de fournir en quelque sorte le pain quotidien à la raison des peuples. C'est le pressentiment de sa haute mission qui attire à elle nos écrivains les plus habiles. Les Benjamin-Constant, les Châteaubriand, que je nomme seuls, parce que la mort ou la retraite les a enlevés à une carrière qu'ils ont illustrée, ont montré quels miracles elle suscitoit dans le monde politique. Pourquoi ne seroit-elle pas employée à produire des révolutions salutaires dans le monde religieux ? M. de La Mennais a compris qu'il en devoit être ainsi, et, grâce à lui, le journalisme qui déjà participoit de la majesté de la tribune, participe désormais de la sainteté de la chaire, le journalisme est devenu un apostolat.

J'ai dû revendiquer pour M. de La Mennais l'idée fondamentale de l'*Avenir*, mais il ne me pardonneroit pas d'enlever le mérite de l'exécution à ses amis, à ses disciples chéris, jeune et brillante milice qu'il arme incessamment de science et de vertu pour assurer le triomphe pacifique de ses doctrines. Allez, leur a-t-il dit, et combattez ; je vous ai montré où est l'ennemi, c'est le *gallicanisme* ! lui seul désormais nous attaque et nous opprime. Réservez-lui vos coups ; marchez à lui et je serai avec vous. En trois jours, la Providence a opéré un grand prodige ; elle a facilité, nécessité même l'alliance du *catholicisme* et du *libéralisme purs. (Applaudissements.)*

Ainsi il a proclamé à qui la guerre, à qui la paix ; et sa voix a été entendue, et les disciples se sont élancés pleins de confiance et d'ardeur dans les voies que leur a ouvertes leur maître ; et celui-ci, pour les y guider plus sûrement, a planté, de distance en distance, des jalons de vérité.

Ici M° Janvier donne lecture par extrait des divers articles que M. de La Mennais a publiés dans *l'Avenir*, avant la poursuite; il accompagne cette lecture de courtes remarques qu'il termine en s'écriant : Cette éloquence, Messieurs, ne vous va-t-elle pas à l'âme ? Est-il possible de faire entendre de plus touchantes et de plus énergiques provocations à la concorde entre les partis religieux et politiques ? Est-il possible de mieux parler en patriote et en chrétien, avec le dévouement de l'un et la charité de l'autre ? C'est pourtant cet homme qui a inauguré son journal par des paroles de paix et d'ordre, qui ne cesse de prêcher la confédération des bons contre les méchants, c'est cet homme en qui l'on vous signale le chef d'une entreprise de sédition. On appelle incendiaires les écrits dans lesquels il exhorte le clergé et les fidèles à se détacher du passé, à se rallier au présent, puisque le présent est gros de liberté.

D'une autre part, c'est une étrange manière de faire haïr le nouveau gouvernement, que de mettre à nu les vices du précédent.

Dans les passages que je viens de lire, il y a déjà de quoi renverser l'accusation à ne plus s'en relever. Pourtant ce ne sont que de magnifiques lambeaux que j'ai indignement déchirés : que seroit-ce si je vous les avois déroulés dans leur majestueuse unité ?

Je suis obligé de me circonscrire, autrement je voudrois vous lire toute entière la partie dogmatique de *l'Avenir*. On ne juge bien d'un livre que par son ensemble ; or un journal est un livre qui, chaque jour, fournit sa page écrite par une main différente, mais sous l'inspiration d'une pensée commune. Que si on la mutile en prenant au hasard un article isolé, on court le risque de condamner à la *Laubardemont*. Je regretterois donc qu'avant ce jour, *l'Avenir* n'eût pas été l'objet de vos lectures quotidiennes. Pour peu que vous l'ayez suivi, vous avez dû apporter dans cette enceinte la conviction anticipée qu'il n'étoit rien moins qu'une provocation continue à la haine et au mépris. Il ne cesse, au contraire, de prêcher la fidélité et l'obéissance, mais l'obéissance rationnelle, la fidélité conditionnelle, les seules du reste auxquelles le gouvernement puisse et veuille prétendre. Pour dernière citation, permettez-moi de vous lire, en partie, la réponse de M. de La Mennais à ceux qui suspectent ses sentiments et ceux de ses amis. (Ici s'est placée la lecture de l'article de M. de La Mennais, inséré dans le numéro du 7 décembre dernier.) Le défenseur poursuit :

Cet article contient le résumé de toutes les doctrines de *l'Avenir*. Il est impossible de faire, avec plus de franchise et de dignité, une solennelle profession de foi. M. de La Mennais ne déguise pas son aversion pour le gallicanisme, sa destruction est le but avoué de *l'Avenir* ; mais il seroit étrange que le gouvernement en prît ombrage. J'ai démontré que pour un gallican sincère, la vieille légitimité étoit encore subsistante. M. de La Mennais, quoiqu'il soit ultramontain, ou plutôt parce qu'il est ultramontain, n'hésite pas à renier l'idole. Il a salué de son espérance et de son assentiment cette royauté qui s'est élevée du milieu de la tempête, et aux pieds de laquelle les flots ont expiré ; elle est pour lui la force tutélaire, autour de laquelle doivent se ranger tous les vœux, parce qu'elle est protectrice de tous les droits.

Si son amour pour elle n'a pas l'expansion d'un sentiment, il n'en a pas non plus la fragilité. Moins que nous peut-être, il est frappé de ce qu'il y a d'individuel dans la monarchie régénérée. Pourtant, comme nous naguère, il étoit entraîné à admirer ce roi qui, monté sur le trône, où il étoit appelé par une vocation double, le vœu national et le salut public, y déploie les vertus qui conviennent à sa haute mission, nous charme et nous impose par une harmonie de pureté, de droiture, et nous représente le bon sens et la bonne foi à leur degré le plus élevé. Mais dans les régions où la politique s'élève sur les ailes du catholicisme, l'homme de bien s'efface dans l'homme roi, et n'est plus qu'un pouvoir abstrait qui s'apprécie par son influence générale sur la société. Mon client l'a écrit, cela est donc certain, le gouvernement n'aura pas de citoyen plus fidèle, tant que lui-même il restera fidèle à la loi de son institution. Cette restriction de la part de M. de La Mennais n'en est pas une en réalité, néanmoins je ne serois pas surpris que quelqu'un trouvât qu'elle messied dans la bouche d'un prêtre chrétien. Elle ne s'accorde pas, il est vrai, avec le christianisme tel que l'avoit fait Louis XIV, et tel qu'avant lui ce théologien couronné, ce Jacques 1er, qui ne nommoit pas seulement félonie et traîtrise, mais blasphème et sacrilége, l'ombre d'un doute sur le pouvoir absolu de sa très-sacrée majesté.

Anglicans ! gallicans ! courbez-vous sous le despotisme. Un ultramontain, sujet aussi loyal, sans être aussi docile, met des bornes à son obéissance, et il répète avec l'Ange de l'Eglise : *Que la tyrannie est la première des séditions.*

Ne vous étonnez donc point, s'il invoque la charte avec cette mâle énergie qui convient à un français. Le sacerdoce n'entraîne pas parmi nous la dégradation politique, et le prêtre n'en est pas réduit à incliner la tête sous le signe qui la couronne, comme sous un sceau de servitude. (*Approbation.*)

Quant à moi, j'aime le mot de Charte dans sa bouche ; j'aime à lui entendre revendiquer sa part de cet héritage commun. Nos frères, qui sont morts pour le conserver, n'ont pas souillé leur dévouement par d'injustes préférences ; ils ont voulu nous léguer la liberté à tous. Aussi le prince qui a traversé leurs cadavres pour arriver au trône, s'est-il porté l'exécuteur de leur volonté dernière ; et ses premières paroles à lui ont été : *La Charte sera une vérité.* Et c'est pour qu'elle le devînt qu'elle a subi des mutilations salutaires, grâce auxquelles elle a été purgée des dispositions équivoques qui ressembloient à des mensonges.

Je n'en connois pas qui fût davantage empreinte de ce hideux caractère que l'article 6, qui déclaroit le catholicisme religion de l'État. C'étoit bien là le vieux levain du gallicanisme. Il imprégnoit la Charte toute entière, dérivée qu'elle étoit de ce *droit royal* qui se qualifioit de *droit divin.* Long-temps nous avons cherché à nous faire illusion ; mais à la fin, force nous a été de reconnoître que l'ame du plus despotique de ses aïeux, respiroit dans la Charte de Louis XVIII. Partout le despotisme caché, mais vivant. Et ce que l'article 14 étoit à l'ordre politique, l'ordre civil l'étoit à l'ordre religieux.

Vous vous rappelez quel merveilleux emploi on savoit faire de la religion d'Etat pour tenir les autres cultes dans un état humiliant d'infériorité ; et quant à elle, pour l'honorer, prétendoit-on, on en faisoit une branche d'administration publique, on créoit un ministère tout exprès pour elle. Il est clair qu'on ne lui accordoit l'honneur de réprimer les autres cultes que pour s'assurer le pouvoir de l'opprimer elle-même.

M. de La Mennais ne s'y est jamais trompé ; plus d'une fois, je vous l'ai prouvé, il a exhalé son impatience de la pompeuse servitude dans laquelle gémissoit son Eglise. La religion d'Etat, quel titre trompeur ! pris à la lettre, il signifieroit la nation vivant dans l'unité de croyance, et acceptant pour devoir suprême de réaliser les lois que le pontife révèle à l'Eglise, et l'Eglise à l'univers. Ce n'est pas dans ce sens que la religion d'Etat étoit comprise naguère : elle l'étoit avec un mélange de la corruption de ce sénat romain qui créoit des divinités par décret, et de la barbare superstition du moyen âge, qui prodiguoit aux objets de son adoration les nominalités vaniteuses de la féodalité. Encore une fois, M. de La Mennais bénit la main qui a effacé de la Charte la religion d'Etat. Il aime l'égalité dans laquelle le catholicisme est replacé avec les cultes présents et futurs, parce que l'égalité lui paroît mère de la liberté, après laquelle il soupire avec tant de tendresse et d'ardeur. Les Etats-Unis, ce paradis terrestre du catholicisme dans les sociétés modernes, se sont présentés à sa pensée ; il a cru que, comme sa patrie, son Eglise alloit en obtenir les destinées, et son cœur s'est inondé de joie, et il a élevé jusqu'au Ciel des cantiques de grâces, pareils à ceux des tribus captives aux rives de l'Euphrate, lorsqu'il leur fut donné de revoir le Jourdain et de rebâtir le temple.

Mais jamais un joug n'est plus insupportable que lorsqu'on le sent s'appesantir sur soi au moment où l'on croyoit l'avoir secoué pour toujours. M. de La Mennais n'a pu supporter avec calme ses espérances déçues ; pour lui aussi, pour lui surtout, la révolution n'a point tenu tout ce qu'elle avoit promis, la révolution n'a été que la restauration continuée, je me trompe, la restauration amendée, la restauration enlevant au catholicisme ses priviléges conventionnels, et ne lui rendant pas ses immunités essentielles. Qu'alors M. de La Mennais fût resté silencieux, ses frères auroient eu le droit de le lui imputer à crime ; ils n'auroient rien exagéré en flétrissant son silence à l'égal d'une trahison et d'une lâcheté. C'étoit à ce Machabée, accoutumé à défendre son Eglise avec sa parole comme avec un glaive, qu'il appartenoit de pousser le cri d'oppression et de délivrance. (*Sensation.*)

Je conçois qu'au premier abord vous ayez été frappé de sa véhémence : l'accusation l'a pressenti, et de son côté, elle a mis d'autant plus de calme et de convenance. Cette modération qui, je le sais, est avant tout le caractère éminent du magistrat auquel je réponds, est en résultat une grande habileté. Moi-même, en l'écoutant, j'ai subi le charme de sa parole si douce, si pure, si noble. Ah ! que l'éloquence a de séduction et d'entraînement lorsqu'elle unit la grâce à la force. Avec cette dialectique pénétrante que n'avoit pas le panégyriste grec, c'est l'Isocrate du barreau français s'attaquant au Démosthènes de l'école catholique. (*Assentiment général.*) Puisque j'ose porter un jugement sur ces deux adversaires, qu'on ne peut mieux louer qu'en les appelant dignes l'un de l'autre, je reconnois que le dernier n'a pas l'art des tempéraments de style ; sa parole à lui est une Minerve qui s'élance du sein de sa pensée, mais elle n'use de ses armes que pour repousser des attaques. Si elle se sert de sa lance en guise de bouclier, elle a soin de ne pas excéder les limites d'une légitime représaille, et moins que jamais dans la circonstance où l'on prétend qu'elle les a franchies. Je vais suivre l'accusation sur le terrain où elle m'a provoquée, et là, moi qui ne pourrois, quand je le voudrois, envelopper mes raisonnements de prestiges oratoires, j'en appelle à la logique la plus sévère et non à de vagues et soudaines impressions.

Que reproche-t-on à M. de La Mennais ? Des plaintes.... Les gouvernements tyranniques s'en offensent ; ils n'aiment pas à être importunés de la douleur de leurs victimes. Le moindre murmure se convertit en forfait inexpiable ; bien plus, ils fouillent les abîmes de la conscience pour y surprendre de secrets mécontentements : on a vu un songe constituer une lèse-majesté, un front qui se nuage et un regard qui s'anime trahissent des conspirations. Malheur à qui ne sait pas adorer sa servitude ! Mais dans les pays libres, le premier des droits, et le plus saint des devoirs, c'est de dénoncer hautement les atteintes que souffre la liberté. Quelque vive, quelqu'ardente que soit la plainte, elle n'est criminelle qu'autant qu'elle dégénère en calomnie. Jusques-là, nous sommes d'accord, M. l'avocat-général et moi, et je n'en doute pas, vous avez pris acte de ses généreuses théories. Notre dissentiment ne commence que sur la réalité des griefs qui ont provoqué les amères récriminations de M. de La Mennais. M. l'avocat-général demande où sont ces violences et ces iniquités qui contraindroient en quelque sorte les catholiques à chercher dans la fuite le salut de leur foi ?

Puisqu'on l'interroge, M. de La Mennais répondra par ma bouche. Il apprendra aux plus incrédules qu'il n'a pas voulu se donner le misérable plaisir de bégayer ou de vociférer le martyre. Il renvoie à ceux qui le lui imputent le ridicule de terreurs exagérées. Il sait très-bien que lui et les siens n'ont à redouter ni les fers, ni l'échafaud, en punition de leurs croyances intimes. Mais qu'est cela, si non l'absence de l'inquisition? Un catholique n'a-t-il rien de plus à attendre de la Charte, rien de plus à exiger du pouvoir? Je cite la Charte elle-même : *Chacun professe sa religion avec une égale liberté, et obtient pour son culte la même protection.* Ou le style de la loi n'a plus de sens, ou la Loi fondamentale est constitutive de la liberté religieuse, avec ce double caractère, premièrement : qu'il peut exercer son culte par tous les moyens et sous toutes les formes, pourvu qu'il ne froisse pas l'exercice d'un culte rival; en second lieu, que les religions renfermées dans les limites qu'elles se posent mutuellement, sont mutuellement inviolables. Là, comme dans la sphère politique, le droit de chacun expire avec le droit d'autrui, et le devoir du gouvernement est de maintenir les droits de tous. Profession sans entraves, protection contre les outrages; ces deux choses que la Charte promet à la secte la plus obscure et la moins nombreuse, elle les promet, à plus forte raison, à la grande communion des fidèles. Or, que les amis et les ennemis du catholicisme le sachent, depuis six mois, il n'a pas recueilli une seule franchise, et il a essuyé plus d'un outrage. Réduit à l'extrémité d'accuser pour se défendre, M. de La Mennais m'a remis afin de le déposer sur votre tribunal le bilan religieux de la révolution de 1830. (*Mouvement redoublé d'attention.*)

Qui le croiroit ? on a ressussité sous les auspices de cette révolution les ordonnances de juin 1828, à l'occasion desquelles M. de La Mennais avoit si bien stygmatisé le gallicanisme dont elles étoient filles. Je disois tout à l'heure qu'en France il n'y avoit pas trace d'inquisition; c'étoit une erreur, l'intolérance janséniste est un plagiat mesquin des rigueurs du Saint-Office. Elle seule a pu inspirer à des hommes qui ne la partageoient pas assurément, qui ont subi leur position, la pensée d'aller vers un citoyen, et puis l'apostrophant : Es-tu jésuite ? réponds. Si tu te tais, tu l'es, et alors je t'interdis le droit d'enseigner; tu n'es plus qu'un paria dans le monde intellectuel, et ta pensée est une souillure du contact de laquelle je veux préserver les enfans de la patrie.

C'est à l'école de l'auteur du rapport apologétique des ordonnances, c'est en me nourrissant d'admiration et de conviction pour les doctrines de M. le duc de Broglie, que j'ai désappris ces ressentiments et ces défiances qui tourmentoient nos pères, il y a soixante ans, qui, à la vérité, s'étoient ressuscités un instant parmi nous; mais le soleil de juillet s'est couché pour jamais sur ces préventions surannées, et ce seroit imposer un anachronisme rétrograde à la révolution de 1830, de la faire aboutir au triomphe de Port-Royal sur la société de Jésus.

Vainement, pour légitimer les ordonnances de 1828, on ne se borne pas à ramasser dans les décombres de l'ancien régime des arrêts et des édits couverts de poussière et dévorés par les vers ; on fouille aussi dans le splendide et vaste arsenal des décrets de l'empire, où il n'y a qu'à choisir quand on veut trouver des armes à tous les genres de despotisme. On y prend donc les décrets universitaires, et l'on se retranche derrière eux comme derrière un inexpugnable rempart d'arbitraire. L'Université ! il ne conviendroit pas à un de ses fils de déchirer le sein de sa mère ; mais n'est-ce pas être marâtre de vouloir dispenser seule la vie et la lumière aux jeunes intelligences qu'elle parque en quelque sorte au milieu de la société, et qu'elle n'y relâche qu'après les avoir accablées du bienfait d'une éducation qu'elle appelle orgueilleusement *nationale*. Ne lui en déplaise, l'éducation doit être cosmopolite. Celui-là seul comprend bien ses devoirs de citoyen, qui les contemple du point de vue plus général et plus élevé de ses devoirs d'homme. L'idée primitive de l'Université appartient à Robespierre ou à Danton, je ne me souviens equel. (*Sensation.*) Que ce fût l'un ou l'autre de ces terribles Lycurgues, il étoit conséquent aux principes d'une époque qui rêvoit pour la France les institutions de Sparte ou de Rome. Dans ces républiques, les individus n'existoient qu'au profit de la société. L'abnégation absolue des sentiments et des notions de la nature, le dévouement aveugle aux intérêts et aux préjugés du pays, voilà ce qu'on appeloit du patriotisme, et, qui plus est, de la liberté. Grâce au Ciel, ce patriotisme et cette liberté ne sont plus à notre usage ; la société, de but qu'elle étoit, est devenue un moyen pour les individus. La première de ces obligations est de leur permettre, de leur faciliter la recherche de la vérité universelle, et non de leur fabriquer par décrets cette vérité de laquelle décident un méridien, une montagne, une rivière, vérité que Pascal ne trouvoit que plaisante, et que moi je trouve odieuse. Une vérité de par le Roi et la loi est désormais une monstruosité intolérable : ce n'est rien moins que l'État s'arrogeant le don d'infaillibilité, dont ceux qui l'approuvent le plus d'avoir dépouillé l'Église, s'irritent davantage qu'il tend à s'en investir lui-même. Qu'y aurions-nous gagné, nous autres partisans de la franchise illimitée de la pensée, si elle n'avoit fait que changer de domination ; si elle étoit assujettie au catholicisme universitaire, avec le conseil royal pour conclave, et pour Pape le Grand-Maître? (*On rit.*)

Sans doute, en matière d'instruction comme en matière d'industrie, la concurrence a des inconvénients ; est-ce à dire que le vieux système des priviléges et des prohibitions soit préférable ? L'Université est sur notre sol un débri sans étai, elle existe, elle continuera d'exister comme juridiction, comme modèle. En tant que monopole, la Charte du 7 août l'a mise en pièces. Quand même une disposition additionnelle n'eût pas formulé la liberté d'enseignement, celle-ci dériveroit, à suffire, de la liberté des opinons, qui comporte la faculté de les publier ; et si la Charte étend la publicité jusqu'à l'imprimerie, elle ne la restreint pas à ce mode unique. Le professeur use du même droit que l'écrivain ; l'un enseigne avec ses discours, l'autre avec ses livres : la forme seule est changée. Le droit est également sacré ; il y a des lois pour en réprimer les abus, il n'y en a plus pour en comprimer l'exercice.

La liberté d'enseignement est aussi un inévitable corollaire de la liberté religieuse. En quoi celle-ci consiste-t-elle, si ce n'est à proclamer ses croyances, à les soutenir dans un but de conservation, à les propager dans un but de prosélytisme ? Que la loi s'interpose pour châtier l'outrage ; de quelque côté qu'il vienne, elle accomplit sa mission tutélaire. Elle l'excéderoit, si, à l'exemple des lois du Bas-Empire, elle s'immisçoit dans l'enseignement des dogmes. De bonne foi, les ordonnances qui règlent le contingent des séminaires, grands et petits, rappellent la constitution de je ne sais plus quel empereur qui défendoit d'initier, sans sa permission souveraine, un laïque aux études, et par suite aux fonctions ecclésiastiques. Rien d'étonnant dans ces prohibitions, vu leur origine. Le despotisme est immortel sous le ciel de Constantinople ; mais la terre de France ne supporte pas des institutions restrictives de la vocation et de l'instruction religieuse, institutions qui ne sont que des vestiges de l'Erastianisme byzantin, passé en Occident. Laissez ceux auxquels leur divin Maître a dit : *Allez et enseignez ;* laissez-les, dans leur indépendance, se conformer au précepte, ou bien ne vous étonnez plus pourquoi ils gémissent et s'irritent. (L'avocat suspend quelques instants sa plaidoierie, il est entouré aussitôt par tous les membres du barreau qui l'accablent de félicitations ; M. l'avocat-général Berville vient le trouver à son banc et lui serre la main à plusieurs reprises.)

Il m'en coûte, Messieurs, de vous faire assister aux douleurs de leur culte : je dois jusqu'au bout remplir ma tâche. Retenez notre premier grief ; il est fondé, il est grave, il n'est pas unique.

La liberté d'association a aussi été violée au détriment du catholicisme. Les prétentions de M. de La Mennais pour son Église ne sont pas exagérées. Il désire que désormais elle ne soit plus considérée dans l'État que comme une simple association formée par une communauté de croyances. Les croyances, en effet, sont un principe d'union entre les hommes, plus encore que les intérêts Ces derniers n'engendrent que des alliances éphémères et factices, les seules qui aient de la durée et de la réalité se fondent sur une conception identique de droits et de devoirs. Elles ne se bornent pas à opérer un rapprochement extérieur, elles lient et relient les ames et méritent ainsi par excellence le titre de religion.

Quand il n'y a qu'une seule société spirituelle dans la société politique, celle-ci se règle naturellement sur l'autre; la force se subordonne à la raison par instinct et par amour, et voilà qui explique l'organisation du moyen âge, que si long-temps et si mal à propos on a supposé avoir été tissu d'une seule pièce par un violent artifice. Qu'alors l'Etat se soit inquiété de la situation intérieure de l'Église; que sa sollicitude se soit changée en surveillance, puis en suprématie : à cela il y a prétexte, peut-être excuse. L'État, acceptant l'action de l'Eglise, s'est facilement persuadé qu'il lui étoit légitime d'user de réaction, et de là son intervention dans la société ecclésiastique. Aujourd'hui les rapports sont bien changés; l'Etat n'a plus de préférence pour aucun culte, son seul culte est de les admettre tous; ils doivent donc naître et mourir sans qu'il s'en préoccupe. Peu lui importe que le catholicisme décline ou prospère, c'est affaire domestique, et non affaire publique; l'Etat n'a rien à y voir en bien ou en mal, tant qu'il n'y a pas matière à délit. Concevez-vous que, de nos jours, il s'impose encore l'embarras, ou s'arroge la puissance d'en constituer les formes, d'en déterminer la discipline, d'en composer la hiérarchie. La Charte répugne à ce mélange adultère du sacré et du profane; elle s'oppose à ce qu'un ministre des cultes coupe et tranche à son gré dans l'Eglise; qu'il y fasse et défasse; qu'il y défende et permette. Les hommes de conscience et de talent qui sont appelés à ce poste doivent s'y trouver mal à l'aise : ils doivent sentir que ce rôle ne leur va pas; aussi annoncent-ils ne s'y résigner que par déférence pour le *concordat* et pour les *articles organiques*, ces articles qui, chacun sait, furent, à l'insu d'une des parties contractantes, surajoutés au concordat, et le dénaturèrent essentiellement.

J'ai besoin de me souvenir que ce sont MM. de Broglie, Mérilhou et Barthe, qui invoquent le régime concordataire, pour prendre au sérieux leur explication. Elle est sincère, c'est là son mérite incontestable, elle n'est pas valable : les lois s'abrogent de deux manières, par voie expresse et par voie implicite; cette distinction est élémentaire sur les bancs de l'école. Or, le concordat et les articles organiques ne sont-ils pas virtuellement abolis par la Charte, qui, finalement et formellement, annule toutes les lois contraires aux réformes qu'elle contient? Les articles organiques sont bien une loi dans l'acception du mot; quant au concordat, qui est un traité, la raison exquise et hardie de Lafayette m'a fourni, il y a trois jours, un argument victorieux. N'a-t-il pas professé, du haut de la tribune, l'abolition implicite des honteux traités qu'en 1814 l'Europe imposa à notre défaite ? Je ne sache pas que son assertion ait été contredite en droit absolu ; que si la suppression, dans la monarchie, de la branche aînée des Bourbons, a réagi sur le système de la sainte-alliance, qui oseroit soutenir que la suppression, dans la Charte, de la religion d'Etat, n'a exercé aucun retour sur le système concordataire ?

Je prévois l'objection : au temps de son établissement, il n'y avoit pas de religion d'Etat. Messieurs, ne nous laissons pas, par des dates, abuser sur les choses. Qui doute que le consulat n'ait préludé sciemment à l'empire ? Quand le jeune héros de l'Egypte et de l'Italie pactisoit avec le saint Père, il méditoit de placer sur son front radieux de l'éclat de cent victoires la couronne de Charlemagne. A l'exemple de Charlemagne qu'il efface en voulant le copier, il s'allioit avec le successeur de Léon III, afin d'obtenir plus tard de lui qu'il vînt jusqu'à Notre-Dame le marquer de l'onction qui long-temps sacra les rois et les empereurs. Lui aussi il voulut régner par la grâce de Dieu et en avoir reçu son épée. Il lui plut d'être appelé le fils aîné de l'Eglise, le fils chéri du vicaire du Christ. Sans doute il se dépouilloit de ses titres pour éblouir la crédulité du vulgaire ; il répétoit aux Français les scènes que naguères il avoit jouées si habilement aux Arabes. Il ne lui en coûtoit pas plus de se faire adorateur de l'Evangile que du Coran. Peu lui importe de représenter le Christ ou Mahomet ; il parodioit au naturel le calife de la Mecque ou le lieutenant de Rome. Mais cet hypocrite sublime avoit jugé utile d'établir une transaction entre la papauté et l'empire, et il avoit stipulé le concordat dans des vues et pour les besoins d'une politique qui n'a plus rien de commun avec le régime de la liberté politique et religieuse.

Ne nous y trompons pas, l'abolition du concordat n'est pas récente ; elle remonte à la restauration, à la Charte de 1814, qui avoit conféré au catholicisme des priviléges odieux à mon client, mais qui n'en étoient pas moins des priviléges, et qui étoient incompatibles avec le rang plus modeste que le concordat de 1802 accorde à la religion catholique. Aussi en 1827 jugeoit-on nécessaire d'en faire un nouveau qui se bornât à rappeler celui de François Ier et de Léon X, édifié lui-même sur une base désormais renversée, sur la base d'une religion d'Etat. Je n'ignore pas que le concordat de 1817 souleva l'opposition la plus vive, qu'on craignit de le présenter à la sanction des chambres. Mais le roi l'avoit passé dans les limites de son pouvoir constitutionnel : les chambres n'avoient contrôle sur lui que quant à ses conséquences pécuniaires. Financièrement, son exécution fut suspendue en partie ; diplomatiquement, il resta la seule convention entre la cour de France et la cour de Rome. Ce qu'il y a de certain, c'est que, s'il n'a pas remplacé le précédent, nous n'en avons point eu depuis quinze ans, et au surplus, désormais nous nous en passerons. Constitutionnellement, l'un ne vaut pas mieux que l'autre; tous les deux jurent avec la Charte nouvelle; tous les deux ont été anéantis par l'avénement de ce roi qui a substitué au titre de roi *très-chrétien* celui de *roi-citoyen*.

Sous lui, il n'y a que des citoyens, quelques-uns, il est vrai, placés aux différents degrés de la hiérarchie politique; mais le prêtre est perdu dans la foule, et honte à lui s'il vouloit en sortir pour remonter au rang de fonctionnaire public ; ce ne seroit pas monter, ce seroit descendre, car celui-là s'abaisse qui tend à s'élever dans un ordre de devoirs contraires aux siens propres et directs. Que M. l'avocat-général cesse d'objecter que partout où il y a salaire public il y a fonction publique. M. de La Mennais et les siens ont ôté le droit au gouvernement de les compter au rang de ses serviteurs officiels, parce qu'ils recevroient son argent. A l'avance, ils ont répondu aux interpellations du ministère public; ils ne veulent plus de l'argent de l'Etat dès qu'il pourroit ressembler au prix de leur liberté : ils auroient horreur de passer un marché où leur foi seroit compromise ; ils croiroient renouveler le crime de ce traître qui vendit son Dieu. Que n'avez-vous lu ces pages admirables qui, elles aussi, dès les débuts de l'*Avenir*, ont caractérisé son esprit de régénération catholique, et dans lesquelles le maître et les disciples font un appel au désintéressement des premiers siècles du christianisme? Cet appel ne sera pas stérile; il portera ses fruits : bientôt nous ne verrons plus figurer le clergé au budget, à quelques lignes des haras et des bagnes. La morale religieuse y gagnera plus encore que l'économie politique. M. de La Mennais n'entend pas que son Eglise hésite et calcule dès qu'il s'agit de son émancipation : les prêtres ne doivent pas ressembler à ces marchands que Jésus chassa du temple, en leur reprochant de déshonorer la maison de son Père par un esprit de cupidité sacrilége. Il est possible que la pauvreté devienne le partage des pasteurs chrétiens, qu'importe? leur Dieu leur a donné l'exemple : il n'est pas né dans la pourpre ni au sein des richesses; il a prescrit de payer le tribut à César, et non d'aller mendier la taxe à César. L'aumône volontaire, et non sollicitée, des fidèles est la seule offrande qui soit acceptable sur les autels du Christ. (*Applaudissements.*)

C'est ainsi que M. de La Mennais exhorte et encourage un clergé en qui les traditions primitives ne sont pas dépéries, et qui ne fermera pas l'oreille aux prières de son libérateur. Il n'a pas, je le répète pour rassurer M. l'avocat-général de ses inquiétudes, il n'a pas semé ses paroles dans les airs, et le vent ne les a pas emportées avec lui.

Mais avant que le sacrifice soit consommé, la Charte n'en doit pas moins être exécutée toute entière. Elle est constitutive pour les cultes chrétiens d'un double bienfait, le salaire et la liberté. M. de La Mennais abdique le premier, c'est une pieuse convenance, une magnanime résolution pour désabuser un monde porté à croire que tout est dans le commerce, tout, même la religion. Mais la Charte ne place pas l'Eglise dans l'alternative du traitement de ses ministres ou de leur liberté : légalement, l'un est conciliable avec l'autre, seulement l'un est réductible, l'autre est inviolable. Ainsi, quoique le fisc fournisse un peu d'or, et si l'on veut beaucoup d'or au catholicisme, il n'acquiert pas pour cela le droit d'attenter à son indépendance. Qu'a-t-il fait cependant ? Avant d'en venir aux actes que *l'Avenir* lui reproche, qu'il me soit permis de vous faire admirer la bonne foi de ce journal, qui n'a point blâmé d'autres actes vivement critiqués par certains journaux, qui, eux aussi, se disent catholiques, mais ne le sont nullement à la manière de *l'Avenir.*

Le ministère a supprimé les 1,200,000 fr. qui avoient été en quelque sorte la fiche de consolation des ordonnances de juin 1828; sur ce *l'Avenir* : C'est au mieux, l'Etat paie, l'Etat peut faire des économies. On a aussi supprimé les 4 millions qui étoient alloués au clergé sur les bois dont il étoit jadis propriétaire : Tant mieux encore, suivant *l'Avenir.* Ce fait est décisif, il résout irrévocablement l'expédient dont quelques-uns s'étoient avisés, que le budget ecclésiastique étoit une dette et non un don. La suppression de la rente qui avoit pour assiette le patrimoine catholique ne laisse plus aux récalcitrants la misérable consolation de répéter qu'ils reçoivent à titre de créancier et non à celui de donataire.

Une ordonnance a renversé en quelque sorte le Calvaire qui domine cette capitale; les prêtres que je défends ont-ils pleuré pour leur culte la propriété de l'aride rocher ? Ils ne se sont émus que pour les ossements sacrés que renferment les flancs de la montagne. Ils ont dit à ces os : Nous vous emporterons avec nous, et les lois reprendront plus que les rois n'ont donné : au lieu de mousse et de pierres, un sol fertilisé par cette longue patience que la religion peut seule enfanter.

On a parlé à la tribune, et, sur la provocation d'un pétitionnaire, d'une nouvelle circonscription épiscopale. C'est toujours pour le mieux, a dit *l'Avenir*; retranchez autant qu'il vous plaira, pour la commodité de votre budget, sauf à nous à ne tenir aucun compte de votre topographie ecclésiastique, et d'aller baiser les pieds de ceux qui seront pour nous les seuls et véritables successeurs des apôtres. (*Approbation.*)

Ainsi *l'Avenir* s'est montré doux et facile sur les questions d'argent, autant qu'âpre et ardent sur les questions de liberté. Dès que le sceptre du gallicanisme fait effort pour sortir du tombeau que lui a creusé la mitraille de juillet, *l'Avenir* ne contient plus son désespoir. Comment en fût-il resté maître, lorsque, par des circulaires ou des ordonnances, on a défendu aux fidèles de se réunir pour prier et s'édifier en commun, plutôt que de se prévaloir du droit commun du code pénal contre les congrégations qui ressembloient à des conspirations ; lorsqu'on a interdit les prédications des missionnaires, plutôt que de laisser à la conscience des citoyens de les rejeter et à la conscience des magistrats de les poursuivre, si elles étoient scandaleuses et subversives ; lorsqu'on s'ingère si les curés, à certains jours, sonnent plus ou moins les cloches de leur église, s'ils se revêtent de tels ou tels ornements, s'ils lisent tel ou tel psaume, s'ils les murmurent à voix basse ou les entonnent sur le plein-chant ; lorsqu'enfin le ministère vient de prouver qu'il comptoit encore au nombre des prérogatives de la couronne la nomination des prélats français ?

Tous ces faits ne sont-ils pas empreints d'une rouille de gothicité? Ne nous repoussent-ils pas dans les ornières de l'ancien régime, au lieu de nous lancer dans les larges voies de la révolution de 1830. S'ils choquent le bon sens libéral, ils déchirent l'ame d'un prêtre catholique. Le dernier que je vous ai signalé est décisif, et il est une dérision de la liberté du catholicisme. Je n'insiste pas sur ce point ; j'anticiperois sur la discussion que s'est réservée celui des disciples de M. de La Mennais qui partage avec lui les honneurs de la poursuite. Le sacerdoce l'avoit enlevé au barreau ; il revient au barreau sans abdiquer le sacerdoce. Il est heureux d'y reprendre ses débuts pour sa propre défense : vous verrez quel miracle d'éloquence la foi suscitera en lui. Bien mieux que moi, il vous dira de quel deuil l'a pénétré une confusion des deux puissances, qui n'étoit tolérable que lorsque les rois étoient les évêques du dehors, et, en cette qualité, intervenoient dans le choix des évêques du dedans. Mais, sous un gouvernement constitutionnellement incrédule, vous figurez-vous un prêtre acceptant avec une lâche résignation, pour gardiens de sa religion, les préférés du député déiste, de l'avocat philosophe, que sous le souffle de son talent et de toutes ses vertus, fors l'orthodoxie, le flot du régime représentatif aura portés au ministère ? Au premier abord, cette bizarrerie nous fait presque sourire, nous qui y sommes étrangers. Mais, à l'exemple de M. l'avocat-général, quoique dans un autre sens, je vous dirai : Mettez-vous à la place d'un catholique, le sentiment de l'oppression ne rempliroit-il pas votre cœur d'amertume, et cette amertume la dévoreriez-vous, et ne déborderoit-elle pas vos lèvres comme une lave brûlante de colère ? (*Assentiment dans l'auditoire.*)

N'est-ce pas assez, Messieurs, de vous avoir exposé les gênes du catholicisme, ne pourrois-je pas, sans nuire à ma cause, vous taire ses affronts? Le récit seroit long si je vous détaillois toutes les vexations envers les hommes et les choses de la religion. J'en possède la liste ; je glanerai seulement et au hasard dans une multitude de scandales.

Vous n'ignorez pas ceux qui ont souillé quelques-uns de nos théâtres : je n'en parle pas avec les scrupules d'un dévot. Sauf des détails dont s'inquiète la pudeur, je ne suis pas de ceux qu'effarouchent les scènes du *Tartufe*. Il est légitime de livrer le vice, quoique couvert du manteau de la piété, à la risée et à l'exécration. Mais les stupides infamies qu'on offre au public sous les auspices de l'art dramatique, changent aussitôt la curiosité en dégoût et presque en remords. On a souvent comparé Paris à Athènes. N'établissez pas entre eux une triste analogie, ne forcez pas à se souvenir qu'Aristophane outrageoit impunément toutes les croyances, quand Socrate étoit condamné pour avoir annoncé la sienne. M. l'avocat-général a voulu expliquer la licence du théâtre par l'abolition de la censure. J'applaudis à cette abolition. Plût au Ciel qu'on se fût hâté également de révoquer tous ces décrets que le loyal magistrat n'invoque qu'en les flétrissant ! Du reste, ces mêmes lois qui punissent les excitations contre le gouvernement, punissent aussi les offenses contre les religions diverses. Les accusés peuvent donc croire avec quelque fondement qu'il y a deux poids et deux mesures.

Je passe à des mesures d'arbitraire : l'arbitraire est étroit et mesquin de sa nature. Croiriez-vous qu'il a passé par la tête d'un lieutenant-général de soumettre les prêtres de sa division à la même discipline que ses soldats, au port de l'uniforme? A cet effet, il a publié un ordre du jour où, depuis le simple abbé jusqu'au prélat, chacun est dûment prévenu de ne pas se mettre en voyage sans être revêtu de son costume ecclésiastique, sous peine d'être traité en vagabond. M. l'avocat-général nous interpeloit de lui faire connoître le nom de ce commandant militaire. S'il s'agissoit d'un fait privé, mystérieux, je ne m'abaisserois pas au rôle de délateur ; mais c'est un fait public, officiel, et j'entends, dans plus d'une bouche, le nom du général Dumoustier : c'est son nom. J'attends maintenant le réquisitoire de M. l'avocat-général, sans le désirer et sans le provoquer. (*On rit.*)

Si du moins MM. les lieutenants-généraux avoient tous les mêmes goûts, mais chacun d'eux en agit à sa fantaisie. Dans le Midi, à Aix, je crois, un autre lieutenant-général s'est trouvé grandement offusqué que de pauvres capucins portassent l'habit de leur association. En vain, ils ont fait consacrer en leur faveur et par arrêt souverain la liberté d'habillement, le pacha militaire s'est cru encore au temps où un sabre jeté dans la balance de la justice, faisoit aussitôt pencher le bassin où il étoit précipité. Il a fait arrêter et détenir un des religieux dont la vue lui déplaisoit, et ses sbires, atteints comme lui de moniophobic, ont envoyé un trapiste rejoindre en prison le capucin. C'est une intolérance de bas étage, celle qui s'acharne à des frocs.

Voulez-vous des méfaits d'un autre genre ? J'ai là dans une liasse les noms de vingt curés au moins, qui, à l'occasion de leur ministère, ont été en butte aux agressions les plus odieuses ; les plus heureux n'ont été qu'insultés ; d'autres ont été expulsés à force ouverte de leur presbytère ; quelques-uns ont été frappés, et sur l'un d'eux les coups ont pris le caractère du meurtre. On ne m'a pas dit que quelque part il y ait eu répression.

Ce ne sont pas des fonctionnaires qui se sont emportés à ces excès, mais parmi eux il en est qui, dans leurs circulaires ou leurs proclamations, n'ont cessé de parler de prêtres perturbateurs. Si ces prêtres existent, et cela est possible, il est simple et juste de les désigner et de les poursuivre nominativement ; mais rien n'irrite et n'aliène une classe d'hommes comme de l'accuser en masse, comme de la diffamer par *catégories*. Messieurs, sous aucun rapport, ne faisons un 1815 libéral, même mitigé.

À Metz, à Nancy, à Verdun, à Pont-à-Mousson les séminaires ont été envahis à main armée par des gens sans mission, qui ont fermé ces asyles de l'éducation religieuse aux maîtres et aux élèves ; qui, de leur propre autorité, ont employé ces demeures consacrées, à des usages profanes, qui en ont transformé en casernes.

Les églises n'ont guère été plus respectées que les séminaires. Je pourrois citer telle où l'on s'est assemblé tumultueusement pour l'organisation de la garde nationale, telle où à l'heure des offices on est venu se livrer à des exercices militaires. Sous des voûtes accoutumées à ne retentir que d'hymnes religieux, on est venu avec fracas faire retentir des chants politiques.

Ce sont là des réminiscences d'un libéralisme usé et contre lesquelles, depuis des années, récriminent les meilleurs journaux. Il est un point sur lequel, d'après eux, il y a chose jugée, celui des sépultures ecclésiastiques. Je vous le demande, n'y a-t-il pas eu plus de sentiment de véritable liberté dans l'enterrement de *Talma* que dans celui de *la Raucourt ?* Cependant nous avons appris qu'en plusieurs endroits on avoit tenté d'extorquer violemment des prières pour les cadavres de ceux qui les avoient dédaignées. Sans songer que c'est insulter à leur mémoire que de les forcer à visiter après leur mort l'asyle dont ils s'éloignoient pendant leur vie, on s'est obstiné à y introduire leur cercueil. A Aubusson, en vertu d'autori sation administrative, on a crocheté les serrures et enfoncé les portes du sanctuaire ; à Bayonne, nonobstant la noble résistance d'un magistrat, des ouvriers ont fait le siége de la sacristie, afin de prendre d'assaut le curé et le contraindre à inhumer un suicide ou un duelliste. Dans une commune dont le nom m'échappe, on a employé un genre de violence que M. l'avocat-général n'a pas compris. M. de La Mennais s'est indigné qu'on fit *pourrir* des cadavres dans l'église : le ministère public a relevé cette expression avec blâme, avec scandale. Quel dédain, suivant lui, pour ces dépouilles qu'une famille inconsolable aime à arroser de ses larmes et à couvrir de fleurs !

Messieurs, les prêtres que je défends savent mieux que personne le degré de respect que méritent les tabernacles déserts d'une pensée immortelle qui s'est enfuie : mais ils ont dit que ce qui en nous étoit poussière, devoit retourner à la poussière, et que la poussière qui n'avoit pas été habitée par des convictions catholiques n'avoit pas droit à des funérailles catholiques. Ils se sont plaint qu'à Versillac (on me souffle ce nom que j'avois oublié), on ait jeté les restes d'un mort au pied de l'autel, en déclarant qu'ils y resteroient la proie des vers et de la corruption, sauf au ministre du lieu à procéder lui-même à leur enlèvement. On peut s'épargner des discussions sur la propriété matérielle des églises ; *l'Avenir* n'a pas soulevé la question de revendication, il a reproché aux prêtres victimes de ces oppressions de n'avoir pas sauvé aussitôt leur Dieu des temples de l'État, et de ne l'avoir pas porté dans quelque réduit, fût-il aussi misérable que l'étable de Bethléem, mais où il auroit joui de l'inviolabilité attachée à la maison du plus obscur citoyen. (*Approbation.*)

Enfin, Messieurs, d'après les documents qui m'ont été fournis, quarante croix ont été abattues, les unes sans l'aveu, les autres par l'ordre de l'autorité. Dans le premier cas, le renversement a été accompagné de circonstances abominables, et les nouveaux iconoclastes ont dépassé les fureurs de leurs devanciers, sans avoir comme eux l'excuse du fanatisme. Les malheureux s'imagineroient-ils avoir fait preuve d'esprit fort ? Ils méconnoissent bien leur temps : de nos jours rien n'est moins philosophique que d'outrager les images que vénère la piété de nos semblables, de nos concitoyens. Quant aux croix qui ont été supprimées par décision de l'autorité, j'en conviens, un doute m'a traversé l'esprit, le même doute qui vous est exprimé par M. l'avocat-général. Je me suis demandé si l'existence de ces croix étoit compatible avec l'existence des divers cultes ; mais pourquoi non ? pourquoi les forcer à cacher leurs mutuels emblèmes ? Le principe poussé à la rigueur conduiroit à l'éversion des temples opposés bâtis dans le même lieu ; car ces édifices, par leurs formes symboliques, sont des signes extérieurs de cultes. Or, quiconque a des idées de tolérance universelle ne seroit point choqué de voir les minarets d'une mosquée s'élever vers le ciel avec les tours d'une cathédrale. De même, des croix n'ont rien de blessant; je m'aperçois qu'une croix ne dépare pas cette enceinte. Si elle s'harmonise avec la justice, sur nos places publiques elle figureroit bien en regard de l'arbre de la liberté, et ce fut un admirable instinct du peuple de Paris d'enlacer à des croix les couronnes dont, après la victoire, il orna les tombes de ses glorieux libérateurs. (*Applaudissements.*)

Je ne prolongerai pas davantage la série, le déplorable inventaire de ces petitesses et de ces brutalités impies. Je n'en suis pas, sans doute, ému autant que mes clients; il y a peut-être raison pour cela; cependant je sympathise vivement avec eux; je sens qu'avec toutes leurs croyances j'aurois toutes leurs indignations, que je les exprimerois avec plus de virulence et d'acreté. En tout cas, je n'ai pas dû les laisser sous l'odieux d'avoir inventé des persécutions chimériques. S'il est vrai que l'indifférence soit une condition d'impartialité aux yeux des plus indifférents, il est évident que la religion catholique a été frustrée de sa juste part dans la liberté commune; sous ce double rapport, qu'elle a été l'objet de mesures arbitraires et d'attentats impunis. (*Assentiment.*)

Qui oseroit désormais imputer à la fougue d'un sectaire mécontent de ne pouvoir envahir au profit de ses propres croyances, les récriminations auxquelles s'est abandonné M. de La Mennais? Dès qu'elles sont provoquées par des causes flagrantes, elles ne peuvent prendre le caractère d'aucun délit. Peut-être parmi ceux qui les trouveront justes en est-il qui les trouveront acerbes. Mais ne préférez-vous pas à une modération artificieuse ces loyales colères qui ne supposent rien au-delà de ce qu'elles expriment?

L'écrivain qui veut distiller le fiel de l'esprit de parti, sait perfidement mettre le miel à la surface. Le délit n'est que dans les formes du langage; la perversité de l'intention est l'élément de toute criminalité; et l'obligation en même temps que la prérogative du jury, est de scruter la pensée intime qui se cache sous les faits ou sous les mots incriminés. A bien dire, vous êtes dispensés de cette recherche; plusieurs fois n'avez-vous pas entendu M. l'avocat-général rendre hommage non-seulement au beau talent, mais à la bonne foi des accusés? Vous-mêmes, la main sur le cœur, interrogez-vous : M. de La Mennais a-t-il voulu nuire au gouvernement ou servir sa religion? Pour nul de vous la réponse ne sera douteuse un instant; j'en conviens, il semble ne pas assez distinguer le gouvernement de ses agents, il semble le rendre trop solidaire des fautes de ceux-ci;

cette synthèse est en quelque sorte forcée. La justice en son premier élan est de la passion, et la passion ne sait pas abstraire ; mais à peine a-t-il commis cette méprise plus apparente que réelle, qu'il l'explique, qu'il la répare au-delà de ce que peuvent désirer les plus exigents.

Qu'est-ce, en effet, Messieurs, que le gouvernement ? Nul individu ne peut ni ne doit s'identifier avec lui, nul, pas même le Roi, dont la dignité personnelle est garantie par des dispositions spéciales, et que d'ailleurs un arrêt souverain a mis hors de ces débats. Les ministres, il est vrai, y sont vivement engagés ; mais les ministres ne sont pas le gouvernement. Je conviens qu'il y a un an environ cette confusion fut tentée devant la justice, qu'elle fut même sanctionnée par elle. L'expérience a démontré les funestes conséquences de cette surprise faite aux magistrats. Elles furent prévues et combattues par l'élite du barreau, les Odilon Barrot, les Dupin, les Mauguin, les Renouard, les Mérilhou, les Berville, qui sont aujourd'hui placés à la direction des affaires ; et si la nécessité de mon ministère m'amène à critiquer les actes arrachés à quelques-uns d'entre eux par la difficulté de leur position, néanmoins je suis heureux et fier de les avouer pour mes maîtres, et de citer leurs maximes comme des oracles de jurisprudence constitutionnelle. Ce sont eux qui m'ont fourni cette définition de laquelle je m'empare : *Le gouvernement est l'ensemble de nos institutions.* Dans quel cas donc M. de La Mennais auroit-il provoqué à la haine et au mépris contre lui, si ce n'est dans le cas où il auroit présenté nos institutions comme si fallacieuses et si incohérentes qu'elles n'offrent pas de garanties contre les oppressions accidentelles dont nulle société n'est assez parfaite pour être complètement exempte ? Jamais un peuple ne se détache pour des vexations de détail d'un pouvoir qui, par son essence, est tutélaire. Le peuple français en a donné un mémorable exemple ; il n'a recouru aux plus terribles de tous les droits, au droit révolutionnaire, que lorsque ses droits constitutionnels lui ont été ravis. Tant qu'il les a conservés, son mépris et sa haine se sont adressés à des hommes mêlés au gouvernement, et ne sont pas allés jusqu'au gouvernement lui-même. M. de La Mennais, au lieu de diminuer l'amour et le respect des catholiques pour celui que nous possédons, ne cesse de leur représenter quelle ressource peut en lui trouver leur énergie. Ce n'est rien moins qu'un nouveau Moïse, excitant sa tribu à fuir de nouveau Pharaon, à quitter une terre de servitude, et à venir avec lui adorer Jéhovah au désert. Loin de lui de comparer la situation des catholiques à celle des Hébreux au milieu de l'Egypte idolâtre ; ceux-ci n'étoient qu'une famille jetée par les événements au milieu d'un peuple qui n'avoit ni leurs lois, ni leurs mœurs, ni leurs dieux, et qui étoit animé contre eux du préjugé si invétéré dans l'antiquité et surtout dans l'Orient, du préjugé des nations étrangères. Les catholiques, au contraire, sont les descendants des anciens maîtres du pays; leur religion a tout marqué de son empreinte; leur nationalité, si elle n'est plus exclusive, est encore prépondérante. Suivant M. de La Mennais, ils ont des droits et ils sont cent contre un; comment donc sont-ils opprimés? Parce qu'ils le veulent bien; c'est sur eux-mêmes que leur défenseur en fait retomber la faute.

Vos oppresseurs, leur dit-il, n'ont qu'une force factice; ils ne règnent que par vos divisions; leur force n'est pas l'expression du nombre. Voulez-vous déjouer les projets d'une minorité qui usurpe vos places au splendide banquet de la révolution? il ne tient qu'à vous : vous êtes la majorité des Français; le fait est si manifeste, que la Charte l'a, en quelque sorte, converti en droit. Dans cette circonstance, la statistique morale et la prudence des chiffres a dominé la politique idéale et tranchante, unissez-vous donc, unissez-vous! (*Mouvement.*)

Je prévois, Messieurs, quel souvenir ces mots d'union des catholiques réveillent dans quelques esprits. De suite ils rêvent la ligue et ses fureurs; ils entrevoient reluire dans l'ombre d'un cloître le poignard parricide de quelque Ravaillac, et ils tremblent pour une vie précieuse et chère. Je ne suspecte pas la sincérité de ces terreurs, je m'étonne seulement de l'irréflexion qui les engendre. Ce n'est pas ici le lieu de redresser plus d'une erreur sur cette époque de notre histoire à laquelle on fait allusion, de démontrer que tout n'y fût pas crime, et que le sentiment impérissable de la liberté s'agitoit vif et pur sous les accès d'un sombre fanatisme. L'impartialité historique, cette grande conquête de notre temps, commence à démêler l'or caché dans une boue sanglante, et le catholicisme est de plus en plus absous de ces attentats qui souvent souillent les plus justes causes. (*Bien!*) Au reste qu'on se rassure, M. de La Mennais est l'homme de l'avenir et non du passé; il n'a pas la folie criminelle de vouloir ressusciter au dix-neuvième siècle les associations qu'engendrèrent les croyances et les nécessités du seizième; il n'aspire pas à devenir en France Guise-le-Tonsuré (*On rit*), et les prétendus ligueurs qu'il range autour de lui sont des citoyens paisibles et honnêtes, s'associant dans le plus légitime de tous les buts, celui de réclamer l'exécution des lois fondatrices et protectrices de la liberté religieuse. La violation des unes rentre dans le domaine de la magistrature, aussi les infracteurs seront-ils traînés devant leurs tribunaux et devant un jury, surtout ils n'échapperont pas aux châtiments que de nos jours mérite l'impiété intolérante et persécutrice.

Il est d'autres lois dont la violation s'accomplit sans violence, sans cynisme et sous une forme mensongère de légalité. Ces déceptions, qui viennent des sommités de l'administration, ne sont pas de nature à fonder une action juridique. Dans le plan de M. de La Mennais, elles seront dénoncées et réprimées par les voies parlementaires. Les pétitions arriveront en foule à la tribune : de récentes et généreuses paroles du chef de la justice font présumer qu'elles seront accueillies même au banc des ministres ; en tout cas, elles trouveront d'ardents défenseurs sur tous les bancs des députés. Au premier rang sera, je n'en doute pas, cet orateur profond qui porte dans toutes les questions sa science d'historien ; il a trop savamment décrit les divers rapports que l'Eglise soutient avec l'Etat pour n'avoir pas reconnu que le progrès de la civilisation exige leur indépendance mutuelle. Peut-être sera-t-il plus difficile de gagner cet éloquent et sincère champion du gallicanisme, ce prodigieux représentant de l'ancien barreau, et qui a été la gloire du barreau moderne : malheur à la cause que ne défend pas sa parole puissante ; mais en tout temps il fut dévoué à la liberté, un dernier sacrifice ne lui coûtera pas pour elle ; il lui immoler a des préventions qui datent de 1682. A l'avance on peut compter sur le franc concours du Manuel de 1830. Jamais il ne s'est démenti, et il y a plus de dix ans que, devant la première cour du royaume, il osa proclamer, avec une énergique naïveté et un sens profond, qu'en France *la loi étoit athée, qu'elle devoit l'être.* Enfin l'on croira la grande ombre de Washington, qui se lève à la tribune française lorsque le compagnon de ses victoires et le représentant de ses principes viendra prêter sa voix à l'Eglise catholique, réclamant la liberté américaine. (*Applaudissements.*)

Quand M. de La Mennais s'attache ainsi à démontrer la secrète vertu du gouvernement représentatif, de recéler pour toutes les oppressions des moyens de résistance et de succès, n'y a-t-il pas injustice à le traduire devant vous, comme un ennemi et un calomniateur d'un ordre politique pour lequel nul dévouement n'est supérieur au sien. A cela il y a injustice, je dis mieux, il y a ingratitude : j'ai voulu en vain dévorer le mot, il m'oppressoit ; en le lançant dans la discussion, j'ai soulagé ma conscience d'un poids énorme. Je voudrois qu'il me fût permis de vous révéler devant tout un public les confidences que j'ai reçues ; je ne dois pas violer le secret d'un patriotisme qui ne s'enveloppe de mystère que par scrupule et par excès de patriotisme. Qu'il me suffise de cette affirmation d'un homme d'honneur à des hommes d'honneur, que M. de La Mennais a donné à la royauté de Louis-Philippe la plus grande preuve de loyauté qui fût au pouvoir d'un prêtre français.

Mais, sans puiser mes arguments dans cette intimité qui ne date que de peu de jours, et qui pourtant m'a appris à chérir et à respecter la bonté et la franchise de l'homme plus encore que je n'admirois le talent de l'écrivain, sous ce dernier rapport, ce seroit lui prêter une singulière étroitesse d'idées, de supposer que, froissé momentanément par une inégale répartition des bienfaits de la Charte, il veut la mettre en lambeaux. Ce seroit colère d'enfant qui, quoique altéré, tariroit la source à laquelle d'autres, plus heureux, l'ont devancé. La charte est inépuisable de liberté : chacun sera admis, à son tour, à y éteindre la soif d'indépendance qui le brûle, et les derniers seront peut-être les premiers.

Ainsi le comprend M. de la Mennais : seulement, convaincu que l'homme ne fait rien sans le temps, il l'est aussi que le temps ne fait rien sans l'homme. Lui aussi répète incessamment aux siens : *Aidez-vous et le Ciel vous aidera ; aidez-vous en vous associant.*

Nonobstant l'interdit jeté sur son Église, il la console et l'encourage. Chose inouïe ! on l'accuse de l'exciter contre la justice et la loi dans lesquelles il lui est prescrit de se confier et d'espérer. Or, la foi et l'espérance vont-elles jamais sans l'amour ? Chez lui, c'est toujours l'amour qui l'emporte, et, après avoir consacré une de ses veilles à la colère, toute légitime et toute sainte que fût celle-ci, il n'a pas voulu s'endormir sur elle, et en finissant, il rallie ses frères, quels que soient leurs intérêts et leurs sentiments divers, dans un intérêt et un sentiment commun, *la liberté !*

Ce n'est pas en vain qu'il l'aura invoquée ; elle sera devant vous sa providence ; vous reconnoîtrez en lui un de ses apôtres, il vous sera sacré. Faut-il réfuter une objection que j'ai recueillie de par le monde, et qui peut-être aura envahi le sanctuaire ? J'ai ouï murmurer que le catholicisme ne demandoit l'indépendance que pour arriver à la domination. Déjà j'ai fourni à cet égard des explications, mais il importe de les réunir pour qu'elles aient plus de clarté et de relief.

Ce seroit s'abuser étrangement de supposer à l'école dont M. de La Mennais est le père et le chef, le désir de reconstituer la théocratie. Elle sait qu'on ne refait point le passé, et que, pas plus que les fleuves, les siècles ne reculent dans leur cours. Les réformateurs rétrogrades n'ont jamais obtenu qu'un triomphe éphémère, qui n'a jamais servi qu'à rendre leur défaite en définitive plus éclatante. Le catholicisme se dévoueroit donc à périr par le suicide, s'il tentoit de reprendre ces formes impérieuses sous lesquelles jadis il a possédé les ames. Le progrès est sa loi, il se prête aux révolutions sociales, ou plutôt il les détermine. Il ne ressemble point à ces religions de l'Orient, dont le propre est d'écraser leurs sectateurs de repos et d'ennui. L'immortalité qui lui a été promise n'est rien moins que l'immobilité. L'humanité dans son enfance avoit besoin qu'il la traitât en quelque sorte en enfant. Une discipline inflexible étoit la condition indispensable de son perfectionnement, et, de la part de la religion, la sévérité a été une marque d'amour envers elle. C'est par une éducation forte qu'elle a préparé sa complète émancipation, et elle n'a mis des lisières à son jeune âge que pour lui apprendre à briser les chaînes qu'on tenteroit d'imposer à sa virilité.

Toutefois, ne vous y trompez pas, le catholicisme n'a pas abdiqué son empire. A qui lui demanderoit : *Es-tu roi ?* il répondroit : *Vous l'avez dit, je suis roi, car celui qui aime la vérité m'écoute.* La vérité ! voilà son titre à la souveraineté universelle. On a souvent disputé sur l'origine de celle-ci : naguère on posoit en axiome qu'elle dérivoit de la volonté solitaire du prince ; aujourd'hui ce seroit de la volonté générale du peuple. La politique peut avouer l'un ou l'autre de ces principes, la philosophie les rejette également : elle ne reconnoît d'autre légitimité que l'éternelle raison. Tant que l'Eglise en a été considérée la dépositaire et l'interprète, sa houlette, sceptre pastoral, a gouverné les peuples et les rois dans la paix et l'harmonie. Mais depuis que la couronne d'épines a été renversée de son front et foulée dans la poussière, l'anarchie a bouleversé les consciences. Si l'idée incorruptible du droit ne les a pas désertées, elles s'agitent et se tourmentent faute de savoir dans quels faits la réaliser. Vienne, vienne au plus vite une foi qui les rassure et les pacifie, la vérité morale est remise au concours ; que les bons combattants se présentent : c'est la liberté elle-même qui leur ouvre la lice. Elle s'établit juge entre les doctrines rivales qui se disputent le plus beau des royaumes, le royaume des esprits ; elle aspire au moment où l'une d'elles s'élèvera victorieuse et à laquelle il sera donné de crier de nouveau à l'univers : *Incline-toi : je suis venue ; brûle ce que tu adorois, et adore ce que naguère tu as brûlé.*

J'ignore quand et si l'ordre succédera à la lutte ; en tout cas, la lutte est essentielle au retour de l'ordre. Nous sommes à une de ces époques où l'on doit pouvoir impunément tout penser et tout dire : la faculté de croire ne se rallumera en nous que lorsque celle de douter se sera consumée. Nous devons désirer que les systèmes se multiplient et se heurtent. Et pourquoi le catholicisme seroit-il exclu de la mêlée. Est-ce parce qu'il s'y débat vigoureusement ? Mais si c'est une vieille erreur, qu'avons-nous à en craindre ? Il y auroit une lâche cruauté à troubler les dernières convulsions d'un mourant. Si, au contraire, et c'est pour mes clients plus qu'une espérance, c'est une certitude ; si, au contraire, il a conservé la puissance de renaître, soyez sûrs que celui de qui il la tient renversera aisément les chétifs obstacles que lui opposeroient les justices d'ici-bas.

Croyez-moi, quoi qu'on fasse, les lois de la presse ne prévaudront pas contre les lois de la Providence. Il est misérable, au travers de ces hautes questions d'où dépend le sort du genre humain, de jeter des débats de cours d'assises; dans les cris d'un La Mennais, il s'agit de bien autre chose que de quelques expressions plus ou moins dures, plus ou moins âpres.

Malheur à qui ne sentiroit pas que le délit présumé s'abîme aujourd'hui devant l'homme accusé ! Autant que qui que ce soit, j'aime l'égalité; déjà vous avez reçu ma profession. Cependant il est de salutaires priviléges qu'on tolère, et bien plus, qu'on honore, dès qu'ils retournent à l'avantage et à la gloire de la société. Ceux du génie me semblent de cette nature; le génie, c'est le soleil qui n'éclaire qu'à la condition de brûler quelquefois. Heureusement vous n'êtes pas de ceux qui replongeroient volontiers le monde intellectuel dans les ténèbres pour échapper au risque de rares incendies. Vous savez concevoir les destinées de l'humanité; avec une noble audace, vous dédaignez cette prudence qui l'abâtardit et qui consiste à immoler le but de l'existence individuelle et sociale à ses moyens de sécurité, *et propter vitam vivendi perdere causas.*

L'ordre public au nom duquel on vous demande une condamnation ne seroit que la paix de l'esclavage, si ses exigences alloient jusqu'à étouffer le mouvement des idées. Or, rien n'y réussiroit mieux que d'astreindre les esprits supérieurs à penser par autorité de justice. Pourquoi, de nos jours et en France, leur imposer le souci d'énerver l'expression de la vérité? Un gouvernement tel que le nôtre doit l'affronter d'un regard d'aigle afin de diriger vers elle son essor.

Ce ne seroit pas le servir, ce seroit le ravaler de s'éprendre pour lui de susceptibilité. La postérité a flétri ce grossier soldat qui, interprétant à outrage le silence d'Archimède, interrompit à coups d'épée ses profondes méditations. Je vous l'ai prédit, votre jugement est de ceux qui ont porté dans le temps et dans l'espace; qu'il ne soit pas dit que vous, l'élite de la première cité de la première nation du monde, vous ayez troublé, à l'œuvre, l'un des plus actifs et des sublimes ouvriers de la régénération européenne. Laissez-le cimenter cette grande alliance qu'il a préparée, et qui déjà a commencé la série de ses prodiges. Semblable à des sœurs, fatiguées d'une désunion funeste, et qui reviennent l'une à l'autre plus dévouées et plus tendres, la religion et la liberté se sont donné le baiser de paix et d'amour, et c'est l'*Avenir* qui encourage et célèbre leur réconciliation.

Il n'a que de la pitié et de l'espoir pour les peuples chez qui le sentiment de la catholicité se sépare de celui de l'indépendance;

mais qu'elles ne sont pas ses sympathies et son admiration pour l'Irlande. Elle lui semble sur le globe moderne un oasis du moyen âge, et qui a été réservé au milieu des mers pour démentir les traditions serviles dont les ennemis et les faux amis du christianisme se plaisent à faire son apanage héréditaire. L'Irlande pauvre et pieuse fatigue ses oppresseurs par sa résistance opiniâtre, et vainement ceux-ci, pour calmer ses ressentiments, lui ont jeté à dévorer un leurre de droit politique ; elle n'est pas restée leur dupe, et elle s'apprête à extirper par le fer et le feu la plaie rongeante de l'*Eglise établie*. L'île des Saints enfantera des armées, dès que son O'Connell la frappera du pied; attendez l'instant où ses populations indignées suivront au pied du tribunal ce La Mennais, à sa manière, à la fois sauvage et poétique, et qui s'inspire des conseils et des vœux de l'*Avenir*.

La Belgique les a devancés en secouant la lourde domination du peuple marchand, qui la traitoit en tributaire. A peine entrée dans la carrière des perfectionnements sociaux, elle y a marché à pas de géant. Il est triste de penser qu'après lui avoir donné l'exemple des franchises politiques, elle nous a laissés en arrière quant aux franchises religieuses. Elle a réalisé par sa constitution cette séparation de l'Eglise et de l'Etat, qui chez nous, n'est encore qu'une promesse stérile, je n'ai garde d'ajouter trompeuse. Si nous sommes réduits au rôle d'imitateurs, songeons du moins que les événements se pressent, hâtons-nous de détruire l'obstacle moral, seul capable de paralyser cette indication de la nature, qui pousse les habitants de l'antique Gaule à se tendre mutuellement les bras comme enfants d'une même patrie. N'oubliez pas sous quels auspices le Rhin peut se rejoindre aux Pyrénées : il vous suffit de vous rappeler les chefs de l'insurrection belge : de Mérode, l'Epaminondas chrétien, est mort pour rendre témoignage aux doctrines qu'en mémoire de lui, et par conviction propre son noble frère et d'autres patriotes, bannis naguère par la tyrannie hollandaise, défendent dans les colonnes de l'*Avenir*.

S'il est coupable, je vous dénonce ses complices ! On l'accuse de sanctifier la révolte. Oui, là où elle est une nécessité; et quand la Pologne s'est trouvée lasse d'incliner ses lances bénies par la victoire devant l'ignoble pique d'un cosaque, l'*Avenir* n'a pas répété ce prélat catholique stipendié par l'hérésie, et qui, pour gagner son honteux salaire, a blasphémé en l'honneur de la légitimité russe et prussienne. L'*Avenir*, au contraire, a prêché une croisade en faveur de cette Palestine du Nord envers qui nous avons contracté la dette du sang pour intéresser la foi sacrée; mes clients lui montrent le schisme grec qui, non content de reprendre triomphalement sa route vers le Bosphore, d'où l'ont chassé les successeurs de Mahomet, veut se frayer un chemin à la conquête des régions du Midi, que les successeurs de saint Pierre ont gardées dans leur obéissance, et tend ainsi à couronner l'autocrate trois fois *pontife-empereur* à Pétersbourg, à Constantinople et à Rome.

Ces prêtres qui sonnent partout les funérailles du despotisme, qui, à l'approche de l'Europe coalisée et à l'exemple de l'évêque de Plock et des moines de Varsovie, diroient à leurs concitoyens : *Nous sommes prêts à mourir avec vous dans notre simplicité ;* ah ! je n'en doute pas, ces prêtres indomptables seroient condamnés au tribunal de la sainte-alliance. Rapprochement bizarre, ou plutôt monstrueux contraste ! le roi sarde proscrit leur journal au moment où il est traduit devant un jury français ! Le Ciel vous préserve d'établir quelque similitude entre la police piémontaise et la justice de France. Messieurs, que ces écrivains courageux, que les tyrans mettent au banc des nations, ne soient pas victimes dans leur propre pays. Ils l'avouent, de votre part, une méprise sur les sentiments et les principes qui les animent leur seroit douloureuse. Vrais chrétiens avant tout, ils n'en sont que meilleurs citoyens ; ils ne séparent pas ces deux grandes adorations de la conscience humaine, le culte et la patrie.

Ils ont proclamé, il est vrai, que celle-ci étoit pour *le fort* là où la paix et la justice ; mais, nonobstant quelques plaintes telles qu'il en échappe contre une mère passagèrement sévère et partiale, ils n'ont jamais désespéré de leur patrie native. Toujours elle fut pour eux la plus chère et la plus belle, et s'ils veulent inscrire *Dieu et la liberté* dans les plis ondoyants de son drapeau, c'est afin que les peuples auxquels il a paru long-temps un signe de guerre et de terreur, le lèvent désormais et le saluent comme un symbole d'affranchissement et de civilisation. (*Applaudissements.*)

M. le président. L'auditoire ne doit donner aucun signe d'approbation, ni d'improbation.

A 5 heures, l'audience est suspendue et renvoyée à 7 heures précises. Les magistrats, les jurés, les prévenus, la foule se retire peu à peu.

A 7 heures, la salle est de nouveau remplie. Une assemblée presque aussi nombreuse que le matin, et où l'on remarque encore un grand nombre de dames, se distribue sur tous les points.

PLAIDOYER DE M. L'ABBÉ LACORDAIRE.

Messieurs ,

Je me lève devant vous avec un souvenir qui ne sauroit passer de mon esprit. Quand le prêtre autrefois se levoit au milieu des peuples, quelque chose qui excitoit un profond amour se levoit en même temps que sa personne : aujourd'hui tout accusé que je sois, je sens que mon nom de prêtre est muet pour ma défense, et je m'y résigne. Les peuples ont dépouillé le prêtre de cet amour antique qu'ils lui portoient, lorsque le prêtre s'est dépouillé lui-même d'une part auguste de son caractère, lorsque l'homme de Dieu a cessé d'être l'homme de la liberté, deux titres inséparables dans la pensée des hommes comme dans les desseins de la Providence, nœuds éternels qui unissent le sanctuaire au monde, et qui ne peuvent être rompus sans que le prêtre voie périr le Dieu qu'il adore avec la liberté qu'il renie.

Telle est, Messieurs, ma position devant vous ; telle du moins elle étoit avant que vous eussiez entendu l'éloquente parole qui vous a révélé dans M. de La Mennais le restaurateur du sacerdoce chrétien parmi nous, je veux dire celui qui a renoué dans la personne du prêtre l'alliance de Dieu et des hommes par la liberté. Je ne puis pas comme son défenseur vous donner des preuves authentiques de mon long amour pour cette cause que je défends aujourd'hui. Je ne suis qu'un jeune homme, qu'un catholique obscur ; mes souvenirs publics ne remontent pas au-delà de trois mois, et le reste de cette vie ignorée ne vaut pas la peine de vous être dit, tant il est peu de chose. Et pourtant, Messieurs, j'éprouve le besoin de vous raconter ces secrets sentiments de mon ame, qui ne seront une preuve de ma bonne foi qu'autant que vous y reconnoîtrez l'accent de la sincérité. Oui, souffrez-le, souffrez que je vous parle comme à mes pères, avant de vous parler comme à mes juges, et puisse Dieu ne mettre sur mes lèvres que des paroles incapables de blesser le cœur des hommes et la modestie qui sied à mon âge et à ma situation !

J'étois bien jeune : Dieu avoit péri dans mon ame, et la liberté ne régnoit pas dans ma patrie. Dieu avoit péri dans mon ame, parce que mon berceau avait été placé à l'aurore de ce dix-neuvième siècle, dans le bruit et les orages ; la liberté ne régnoit pas dans ma patrie, parce qu'après de grands malheurs Dieu avoit donné à la France un homme plus grand encore que ses malheurs. Un jour le grand homme s'en alla du sein de la gloire chercher une tombe au milieu des mers ; mais la liberté ne revint pas pendant son absence, et Dieu ne revenoit pas non plus dans mon ame avec les années. J'aimois bien pourtant cette liberté dont le nom frappoit si souvent mes oreilles, et je cherchois vivement ce Dieu que je ne connoissois pas, quoique toute la terre fût pleine de lui.

J'étois bien jeune encore : je vis cette capitale où la curiosité, l'imagination, la soif d'apprendre me faisoient croire que les secrets du monde me seroient révélés. Son poids m'accabla et je fus chrétien ; chrétien, je fus prêtre. Laissez-moi m'en réjouir, Messieurs, car je ne connus jamais mieux la liberté, que le jour où je reçus avec l'onction sainte le droit de parler de Dieu. L'univers s'ouvrit alors devant moi, et je compris qu'il y avoit dans l'homme quelque chose d'inaliénable, de divin, d'éternellement libre, la parole ! La parole du prêtre m'étoit confiée, et il m'étoit dit de la porter aux extrémités du monde sans que personne eût le droit de sceller mes lèvres un seul jour de ma vie. Je sortis du temple avec ces grandes destinées, et je rencontrai sur le seuil les lois et la servitude. Les lois ne me permettoient pas d'enseigner la jeunesse de France sous un roi très-chrétien, et si j'eusse voulu, comme mes pères, m'enfoncer dans les solitudes pour y bâtir un lieu de prière et d'un peu de paix, on eût trouvé d'autres lois pour m'en bannir. Tous les efforts du pouvoir tendoient à mettre dans ses mains la direction suprême de l'intelligence humaine, sauf à laisser tomber sur l'Eglise catholique suppliante et servile quelques concessions de la piété royale à la première majesté. C'étoit là, c'étoit au règne absolu de cinq ou six hommes sur tous les hommes et sur Dieu qu'aboutissoit ce système, et je lui vouai un combat d'autant plus implacable que tous les souvenirs de ma jeunesse conspiroient contre lui.

Mais que faire ? J'étois seul. Quand on est seul dans le monde, il faut se cacher et attendre ; je me cachai et j'attendis. Trois ans se passèrent : c'est peu de chose dans la vie d'un homme, et beaucoup dans la jeunesse naturellement vive et incapable de porter long-temps un fardeau. Je me lassai de cette vie, et je regardai au loin pour voir s'il n'étoit pas sur la terre quelque lieu où un prêtre pût vivre libre. Qui n'a tourné les yeux, dans ces moments où la patrie fatigue, vers la république de Washington ? Qui ne s'est assis, dans la pensée, à l'ombre des forêts et des lois de l'Amérique? J'y jetai mes regards las du spectacle qu'ils rencontroient en France, et je résolus d'aller leur demander une hospitalité qu'ils n'ont jamais refusée ni au prêtre, ni au voyageur.

On ne quitte pas son pays sans regrets et sans adieux. Il y avoit un prêtre en Europe qui n'avoit jamais accepté les faveurs et les liens du pouvoir, un prêtre qui pleuroit la fortune éphémère de la religion, et dont les yeux de prophète avoient découvert le sépulcre où descendroient de fausses prospérités. Je ne l'avois jamais vu que deux fois dans ma vie pendant quelques minutes ; mais je ne voulois pas quitter la France sans approcher sa personne de plus près, sans lui demander sa bénédiction pour un jeune homme navré par instinct des mêmes douleurs qui consumoient son génie invincible. Je le vis : je saluai cet homme grand et simple sous le modeste toit de ses pères ; il me permit de l'aimer. Aujourd'hui je me retrouve à ses côtés, accusé comme lui du même crime que lui, et la Providence ne pouvoit pas faire davantage pour me prouver qu'elle avoit exaucé les bénédictions du maître sur le disciple. Cette liberté que j'allois chercher si loin, je suis ici pour l'avoir défendue après une révolution qui a ruiné, quoi qu'il arrive, les espérances du pouvoir absolu, je suis ici pour avoir poussé le cri sublime de l'Amérique : Dieu et la liberté ! Je suis ici près de l'homme qui a commencé la réconciliation du catholicisme et du monde. Ah ! laissez-moi lui dire combien je suis touché du sort que Dieu m'a fait en me le donnant pour maître et pour père ! Laissez tomber ces accents de la piété filiale sur un cœur si long-temps méconnu des hommes ! Laissez-moi m'écrier avec le poète : *L'amitié d'un grand homme est un bienfait des Dieux. (Mouvement.)*

Telle est, Messieurs, l'histoire des courtes années de ma vie. J'ai cru qu'elle étoit liée à cette cause par des nœuds que vos cœurs ont tous compris, et je vous l'ai confiée comme à mes pères. Mais c'est assez ; il est temps que vous repreniez la position sévère que la loi vous a faite : vous êtes mes juges, et je suis accusé.

Je suis accusé d'un double délit : de provocation à la désobéissance aux lois, d'excitation à la haine et au mépris du gouvernement. Quoique M. l'avocat-général ait enveloppé ces deux chefs d'accusation dans une discussion commune, et qu'il ait paru peu tenir au premier, je les séparerai nettement, et je m'attacherai surtout à combattre celui-là même qu'il a mollement soutenu. Car ma défense y est cachée toute entière, et il faut qu'elle en sorte vive et puissante. J'entrerai dans de longs développements, Messieurs, et je sens que cette annonce est hardie devant les souvenirs de cette admirable éloquence qui vous préoccupe encore et qui vous poursuivra d'un long regret en écoutant ma parole. Toutefois si le talent manque à mes efforts, il est quelque chose de sacré qui remplacera le génie sur mes lèvres, ce sera l'ame d'un accusé se confiant à la justice de sa cause, et ne cherchant entre sa conscience et la vôtre d'autre intermédiaire que sa foiblesse et son innocence. Cet appui, Messieurs, j'y compte ; il est à moi, il n'est pas en votre pouvoir de me le ravir. *(Marques générales de bienveillance.)*

Si j'ai provoqué à la désobéissance aux lois, j'ai commis une faute grave ; car les lois sont sacrées. Elles sont après Dieu le salut des nations, et nul ne doit leur porter un respect plus grand que le prêtre chargé d'apprendre aux peuples d'où leur vient la vie et d'où leur vient la mort. Cependant, je l'avoue, je n'éprouve pas pour les lois de mon pays cet amour célèbre que les peuples anciens portoient aux leurs. Quand Léonidas mourut, on grava ceci sur sa tombe : *Passant, va dire à Sparte que nous sommes morts pour obéir à ses saintes lois.* Et moi, Messieurs, je ne voudrois pas qu'on gravât cette inscription sur ma tombe ; je ne voudrois pas mourir pour les saintes lois de mon pays. Car le temps n'est plus où la loi étoit l'expression vénérable des traditions, des mœurs, et des dieux d'un peuple : tout est changé. Mille époques, mille opinions, mille tyrannies, la hache et l'épée se heurtent dans notre législation confuse, et ce seroit adorer ensemble la gloire et l'infamie que de mourir pour de telles lois. Il en est une que je respecte, que j'aime, que je défendrai, c'est la Charte de France ; non pas que je m'attache aux formes variables du gouvernement représentatif avec une immobile ardeur, mais parce que la Charte stipule la liberté, et que, dans l'anarchie du monde, il ne reste plus aux hommes qu'une patrie, la liberté.

C'est pourquoi, Messieurs, vous ne pouvez apprécier le premier délit qu'on m'impute qu'en cherchant à connoître quelle est la partie de notre législation que j'aurois attaquée, quels sont ses rapports avec la servitude ou la liberté de la France. Cette partie est celle qui est relative au concordat, voilà le fait. Mais qu'est-ce que la législation du concordat ? L'ai-je réellement attaquée ? L'eussé-je fait, n'étoit-ce pas mon droit et mon devoir ? L'examen de ces trois questions comprend toute ma défense sur le premier chef d'accusation.

Qu'est-ce que la législation du concordat ?

Messieurs, il existe quelque chose que les peuples appellent Dieu, quelque chose qu'ils adorent, et qui reste, après qu'ils ne sont plus, pour recevoir de peuples nouveaux des hommages immortels. Ce quelque chose qui ne meurt pas s'est trouvé partout où les hommes ont bâti leur demeure d'un siècle ou d'un jour ; il a été l'hôte et le contemporain fidèle de toutes leurs générations. Sa puissance dans les sociétés humaines est un fait incontestable et universel, les multitudes croient en lui. Mais à côté de sa puissance existe celle de l'homme, l'homme son œuvre, son image, sa splendeur créée, l'homme cette grande chose ! Dieu ne l'a pas fait son domestique, mais comme son rival. Il ne lui a pas dit : Cette terre est ma maison, et tu y seras mon esclave. Il lui a dit à son premier jour : Cette terre est la tienne, et ma puissance n'absorbera pas ta puissance ; tu seras roi. Ainsi parle la Bible.

La puissance de Dieu et la puissance de l'homme, l'une personnifiée dans le prêtre, l'autre personnifiée dans le roi, sont donc toutes deux nécessaires, indestructibles toutes deux. Mais comment feront-elles pour subsister ensemble? C'est en vain qu'on leur assigne des parts diverses et incommunicables, à l'une la conscience, à l'autre la loi extérieure; à l'une l'esprit, à l'autre la matière; l'homme est un être un qui ne se divise pas au gré de la pensée. Il ne devient pas pur esprit dans le temple et machine au *forum*. La mort seule sépare en lui ce qui est poussière de ce qui n'est pas poussière.

Vous apercevez, Messieurs, la difficulté. Il en existe trois solutions simples et franches : ou l'homme opprime Dieu, ou Dieu règne sur l'homme, ou l'homme est politiquement libre de Dieu et Dieu libre de l'homme.

Ainsi, en Angleterre, Henri VIII opprima Dieu, il fut à la fois prince et pontife, il fit des dogmes et des lois; et vous sentez qu'il n'est pas besoin de concordat dans un tel ordre de choses, c'est-à-dire, d'alliance entre le prince et le pontife, puisque le prince et le pontife ne sont qu'une même personne et qu'on ne traite pas avec soi-même, si ce n'est pour en imposer aux peuples, lorsque leur foi mérite les honneurs de quelque sanglante et royale dérision.

Au contraire, dans le moyen âge, Dieu régnoit sur l'homme, la religion sur la loi, et un concordat étoit chose inutile encore; car il suppose deux puissances égales, et il n'existe point d'égalité entre celui qui règne et celui qui obéit.

Enfin, les États-Unis d'Amérique nous présentent aujourd'hui le spectacle nouveau de la liberté stipulée tout à la fois en faveur de l'homme et en faveur de Dieu. Sous ce ciel lointain où la civilisation naquit des guerres religieuses qui ensanglantoient l'Europe, quelques fugitifs déposèrent avec leurs cendres proscrites des pensées de tolérance et de paix. Leurs descendants se souvinrent des maux de leurs pères, et sur leurs tombeaux dispersés dans les solitudes du nouveau monde, ils gravèrent une charte inconnue à tous les âges passés. Ils promirent à Dieu de le laisser libre, et ils lui demandèrent en échange de ne poursuivre leurs erreurs qu'au-delà de cette vie, et de ne jamais en confier à des hommes le terrible discernement. Ils furent fidèles à cette charte, la plus célèbre qui ait été signée par des mains mortelles, et nous européens, les persécuteurs de leurs aïeux, nous rêvons aujourd'hui la liberté qui leur naquit de nos proscriptions. Là, les pierres du temple ne sont pas une propriété de l'État, mais la maison inviolable d'un citoyen ; le prêtre n'y est soumis qu'aux lois communes; l'évêque est choisi librement, sans l'intervention d'une autorité jalouse et absurde, quand elle n'est pas impie; les pères chrétiens peuvent élever leurs enfants dans leur foi : tout est permis, excepté ce que la loi défend à tous, et la loi ne défend à personne de servir Dieu comme il l'entend.

Ce régime n'admet pas non plus de concordat ; il en est la complète destruction.

Qu'est-ce donc, Messieurs, qu'un concordat ? Qu'est-ce que cette alliance qui ne trouve sa place ni quand l'homme opprime Dieu, ni quand Dieu règne sur lui, ni quand la liberté est un bien commun entre l'homme et Dieu. Il faut que je vous le dise, Messieurs, afin que vous compreniez l'amertume et l'indignation qui ont animé ma plume, à la première nouvelle que le pouvoir civil ne renonçoit pas encore à nous imposer des évêques, au nom du concordat, à nous émancipés par le sang de nos concitoyens ; car le sang qui coule pour la liberté profite à tous, fût-ce à des ennemis, et le sang qui ne profite pas à tous n'a pas coulé pour la liberté. Mais je dois le déclarer avant tout : prêtre, et pleinement soumis au Saint-Siége, dont j'ai formellement réservé les droits dans mon article, je ne puis m'élever contre les concordats que dans les limites de ces droits reconnus. En consentant, quoiqu'à regret, à leur établissement, le Saint-Siége a usé d'un pouvoir devant lequel doit fléchir toute conscience catholique. Tout ce qu'il a fait est bien fait ; car il est des époques où de grands maux ne peuvent être évités qu'au prix de grandes condescendances, et l'autorité du Père de tous les chrétiens, sacrée pour tous dans tous les temps, ne nous est jamais plus vénérable et plus chère que lorsque, cédant à la rigueur de circonstances inexorables, elle reçoit comme la consécration d'un douloureux sacrifice. Mais je dois omettre ici ce qui appartient à la théologie ; je dois me placer dans le seul point de vue que vous puissiez saisir, vous qui êtes mes juges, et qui pouvez n'être ni catholiques, ni chrétiens. Je vous dirai donc seulement ce qu'ont été les concordats dans les intentions et entre les mains des gouvernements.

Il vient, Messieurs, dans l'histoire des peuples, des temps où le pouvoir absolu se fonde sur les débris des lois anciennes, où les mœurs affoiblies et la religion ébranlée permettent à quelque fils d'un homme fait prince autrefois par le peuple de s'élever plus haut que ses serments. Alors naissent les concordats. Le prince ne veut pas opprimer la religion, parce qu'il a besoin de s'en servir comme d'un instrument ; il ne veut pas qu'elle règne sur lui, parce qu'il entend régner sur tout ; il ne veut pas qu'elle soit libre, parce qu'il a horreur de la liberté. Il lui accordera donc une protection qui exclura tout ensemble l'oppression, l'obéissance filiale et l'indépendance. Il fera avec elle un traité plein de termes respectueux, où il exigera pour lui le droit de nommer les évêques. Ce qui lui importe, c'est que le peuple privé de tout droit réel dans le choix de ses pasteurs, de toute intervention dans les affaires ecclésiastiques, ne voie plus que la monarchie jusque dans le sanctuaire, et un reflet de la cour dans l'épiscopat. Maître, à certains égards, de la hiérarchie, le prince affoiblira le christianisme ou le relèvera selon son bon plaisir, tenant entre lui et Dieu une balance plus ou moins égale, réglée dans ces oscillations par le progrès ou l'affoiblissement de sa piété. Le sacerdoce s'habitue à ce joug ; il se persuade peu à peu que la religion fleurit ou s'éteint en vertu des ordres émanés du trône ; le peuple sépare sa cause de la sienne ; il s'ennuie dans ces temples glacés où il n'assiste plus qu'à des cérémonies, et le sacerdoce épouvanté s'attache de plus en plus au prince qui l'a perdu, mais qui lui offre de l'or et de l'encens de peur qu'on ne le méprise, et qui met des soldats autour de sa tombe de peur qu'on n'enlève son cadavre.

Admirable protection qui ne laisse à Dieu ni l'empire, ni la liberté, mais qui lui donne un palais, la pourpre, une part au budget et l'assurance de n'être jamais craint, ni jamais opprimé ! Elle emporte la liberté des peuples avec celle de Dieu. Car ces deux causes sont inséparables, et quand Dieu est enchaîné dans ses temples, les peuples le seront bientôt dans la place publique. Abandonnés de la religion, leurs efforts vers la liberté les mènent à l'anarchie ; ils ne savent plus être libres, ils ne peuvent pas être esclaves. Ils passent tour à tour de la honte du désordre à la honte de la servitude, incapables de porter long-temps ni l'une ni l'autre, parce que l'une et l'autre sont impies, exécrables, et n'ont un règne éternel qu'au séjour où tout est consommé, et où le bien n'enfante plus de séditions.

Mais ne vous fiez pas, Messieurs, à ces aperçus généraux ; interrogez l'histoire ; sachez quand naquirent parmi nous les concordats et quels furent les fruits que les gouvernements ont su leur faire produire. C'étoit en 1516 : il y avoit sur le trône de France un roi qui aimoit la guerre et qui n'aimoit pas les parlements, qui eut l'honneur, je crois, d'inventer la censure, qui brûloit les protestants en France et qui les soudoyoit en Allemagne, sur quoi Brantôme s'étonnoit comment il accordoit *ce feu avec cette protection* ; roi brillant et absolu qui fut l'aurore de Louis XIV, encourageant les lettres et peuplant sa cour, selon la remarque de Fénelon dans la *Direction de la conscience d'un roi*, de ces femmes qui jouèrent depuis un rôle si éclatant et si honteux. Ce fût en ce prince que commença la destruction de l'antique monarchie des Francs, et que furent sapées les institutions libérales qu'ils nous avoient apportées des champs de la Germanie. Ce fut lui qui se proposa de rompre les vieux liens des peuples avec le catholicisme, afin de pouvoir disposer à son gré des bénéfices ecclésiastiques, dans le but profond d'*assou-*

vir et d'asservir la noblesse, comme l'a cru le célèbre historien de la Suisse, Jean de Muller, dont ce mot résume la pensée. Louis XIV recueillit des mains de Richelieu la nouvelle monarchie issue de François Ier. Il ne conclut pas de concordat avec Rome, mais il en fit en quelque sorte les *articles organiques* dans la déclaration de 1682, dernière expression du pouvoir le plus absolu qu'aient jamais supporté des peuples chrétiens. Vous avez entendu, Messieurs, ce que vous en a dit le défenseur de mon illustre maître, et je ne reviendrai pas sur ces articles que sa parole a frappés de stygmates ineffaçables. Leur sort est accompli ; la justice est venue pour eux. L'esclavage de l'Eglise produisit bientôt ses fruits naturels. La noblesse fut *assouvie et asservie ;* elle corrompit le clergé, en jetant dans ses abbayes, dans ses cathédrales, dans tous les rangs de sa hiérarchie, avec des hommes vertueux et savants, beaucoup d'autres qui n'étoient qu'ambitieux ou victimes, et dont le moindre défaut étoit de porter l'aristocratie de leurs mœurs dans le royaume du Dieu qui s'étoit fait homme et qui avoit vécu si simple et si bon avec nous. Le clergé du second ordre fut relégué chez nous à une distance infinie du premier, et l'un des plus pieux archevêques de Paris n'admettoit jamais un prêtre à sa table avant de s'être informé s'il étoit gentilhomme. Un jour un de ses neveux vint le voir avec deux amis de séminaire : au moment du dîner, l'oncle fit la terrible question, et, comme les deux pauvres jeunes gens avoient le malheur de n'être pas gentilshommes, ils furent envoyés à l'office. Si Dieu étoit venu sur terre en ce temps-là, il n'auroit pu s'asseoir à la table de quelques évêques.

L'asservissement de l'ordre civil se développa avec la même rapidité que l'asservissement religieux, et toutes les institutions de la France avoient péri quand la révolution de 1789 éclata. Elle termina cette triste monarchie de trois siècles, et la constitution civile du clergé donna le dernier mot de la déclaration de 1682.

Un homme naquit. Il voulut rétablir l'ordre ; et croyant que Dieu pourroit l'aider dans ce dessein, il résolut de faire quelque chose pour lui. Mais il s'appeloit Napoléon, et il étoit impossible qu'il pût tomber dans sa tête une autre idée que celle d'un concordat. Il fit donc un concordat ; et réunissant à la fois l'œuvre de Louis XIV à celle de François Ier, il publia le lendemain des *articles organiques* qui pénétrèrent de douleur le vénérable pontife, destiné à subir un jour une plus grande ingratitude. Les effets de ce nouveau régime vous sont connus, Messieurs, et je ne les développerai pas. M. l'avocat-général s'est plaint du trop vif empressement qu'a mis le clergé de France à s'attacher à la fortune d'un pouvoir qui a péri. Nous pensons sans doute qu'un rôle plus populaire eût été préférable : nous l'avons appelé de tous nos vœux : mais il faut être juste et ne pas de-

mander aux hommes, après trois siècles d'un servage né de la législation et consacré par des souvenirs, l'indépendance qu'on leur a soi-
même ravie. Est-ce notre faute à nous seuls, si les princes, si les magistrats, si les philosophes, si les libéraux nous ont enchaînés par
leurs lois? M. l'avocat-général en réclame ici lui-même l'exécution;
il m'accuse d'avoir protesté contre la servitude, d'avoir provoqué à
lui désobéir, et en même temps il reproche à mes frères ce qui fut
la suite de cette servitude si longue et si douloureuse. Ah! qu'elle
cesse enfin! Rompez, rompez les chaînes que vous avez forgées;
appelez-nous à la liberté commune, aux douceurs de la patrie, et
vous verrez que pour rendre le prêtre un homme libre, il ne faut
pas le temps et les efforts que notre esclavage a coûtés. Nous vous
reprochons à notre tour de désobéir vous-même à la première de
vos lois, et de perpétuer sous un nom trompeur de liberté, les traditions de François Ier, de Louis XIV et de Napoléon, ces trois re-
présentants du pouvoir absolu chez les peuples modernes.

Certes je ne suis point injuste envers leur gloire, ni envers les
grands évêques que Dieu suscita sous leurs règnes. Je connois leurs
noms et leurs travaux : Bossuet et Fénelon vécurent en ces temps
où la gloire étouffoit la liberté. Mais qu'il fut plus grand, ce Fénelon, que son invincible rival! Il pleura sur les vieilles institutions
de la patrie; il reconnut dans le Saint-Siége l'éternel défenseur des
chartes du moyen âge et de la liberté future des nations. Son
ombre, Messieurs, a été sensible à vos applaudissements d'aujour-
d'hui; elle s'est émue dans son cercueil du nouveau jour qui vient
de se lever, et des formidables paroles qui ont accusé l'aigle de Meaux
au plus haut des Cieux. Je l'accuse à mon tour : périsse son ouvrage!
périsse tout génie qui combattra Rome et la liberté! (*Sensation.*)

La législation que j'attaque est une œuvre jugée maintenant.
Mais ai-je eu le mérite d'attenter à ces prescriptions? Je ne l'ai pas
même eu, Messieurs, car qu'ai-je fait? j'ai protesté contre les nominations d'évêques émanées du pouvoir civil, je me trompe, émanées
de nos *oppresseurs*, c'est le terme dont je me suis servi, et comme
M. l'avocat-général s'y est arrêté long-temps, je m'y arrête aussi.
Nos oppresseurs ! ce mot vous a fait peine. Vous m'en avez demandé compte; vous avez regardé mes mains pour voir si elles
étoient meurtries par l'empreinte des fers. Mes mains sont libres,
M. l'avocat-général; mais aussi mes mains, ce n'est pas moi. Moi,
ce qui est moi, c'est ma pensée, c'est ma parole, et, pour que vous
le sachiez, je le trouve opprimé dans ma patrie, ce moi divin,
ce moi de l'homme, cette pensée, cette parole, moi enfin! Oui,
vous ne garottez pas mes mains, et peu m'importeroit; car ce seroit
justice ou ce seroit violence : justice ne seroit pas oppression, et

la violence, il resteroit contre elle la violence. Mais si vous ne garottez pas mes mains, vous garottez ma pensée, vous ne me permettez pas d'enseigner, moi à qui il a été dit : *Docete*. Le sceau de vos lois est sur mes lèvres, quand sera-t-il brisé ? Je vous ai donc appelé mes oppresseurs, et je redoute des évêques de votre main.

Mais cette protestation m'étoit permise par la loi elle-même. Le concordat et les articles organiques reconnoissent au souverain Pontife le droit de refuser l'institution canonique, et le prêtre désigné pour un évêché est chargé de faire les diligences nécessaires pour rapporter lui-même cette institution, de peur que le refus ne tombe sur le gouvernement. Enfant soumis au Saint-Siége, je n'ai fait qu'élever la voix d'un fils qui implore son père et qui lui signale un péril; j'ai déclaré que je porterois ma protestation à ses pieds sacrés, et je le fais encore en ce moment sous les yeux même de la justice.

D'ailleurs, Messieurs, et je le dis pour vous montrer combien sont absurdes les lois qui interviennent dans les affaires de la conscience, supposez que ma protestation eût excédé la mesure d'un simple avertissement, d'un cri de douleur : que s'ensuivroit-il ? J'aurois rompu avec les lois de l'unité catholique. Je serois coupable, aux yeux de Dieu, d'un des plus grands crimes qu'un homme puisse commettre. Mais un schisme est-il un délit civil ? Pouvez-vous l'atteindre par votre *verdict ?* Misérable chaos que l'éternelle confusion de ce qui tombe sous la main de l'homme, et de ce qui se sauve loin dans la conscience, pour s'y moquer des efforts d'un despotisme puéril ! Si nous voulions choisir des évêques à notre gré, est-ce vous qui pourriez nous en empêcher ? Si nous ne voulions pas de nos évêques, est-ce vous qui nous amèneriez à leurs pieds pour y recevoir leurs bénédictions ? Vains efforts ! vous êtes impuissants contre la conscience, alors même qu'elle s'égare. La conscience ! la conscience ! cet airain-là est impénétrable, immortel.

Au surplus, Messieurs, eussé-je attaqué la partie de notre législation relative au concordat, je dis que c'étoit mon droit et mon devoir.

C'étoit mon droit. Le concordat, en effet, n'est qu'une alliance, qu'une *convention entre le gouvernement et Sa Sainteté.* C'est le titre qu'il porte au *Bulletin des Lois.* La loi intervenue à son sujet ne change pas sa nature; elle n'est qu'un accessoire qui suit le sort du fond. Or, un traité est susceptible d'être dissous, lorsqu'une des parties n'y trouve plus les avantages qu'elle y avoit cherchés; et dans le concordat, l'Eglise catholique est une des parties contractantes, l'Eglise catholique n'y a rencontré que l'oppression cachée sous des promesses qui furent violées le lendemain, par les *rticles organiques*, avec une mémorable impudeur. Je n'énumérerai pas ces violations de la foi jurée, elles sont connues ; elles ont fait de notre législation religieuse un exécrable attentat au droit des gens, et je répéterai ce mot : un exécrable attentat ! Hé bien ! moi catholique, c'étoit mon droit d'en demander la dissolution, mon droit de la flétrir.

C'étoit aussi mon devoir comme citoyen, puisque j'ai démontré que cette législation étoit une œuvre de despotisme, et que M. l'avocat-général est convenu lui-même qu'il étoit désirable qu'on entrât dans des voies nouvelles et vraiment libérales.

C'étoit encore mon devoir comme chrétien, car le premier bien des hommes est de conserver à eux et à leur postérité la tradition sacrée de leur foi, et elle ne se conserve parmi les chrétiens qu'autant que leurs évêques en sont les dépositaires courageux. Ils ont eu de ces courageux gardiens de leur foi, je l'ai déjà dit, sous l'empire même des abus que je déplore ; la piété des princes, la pudeur publique et l'impérissable protection de la Providence ont veillé pour que l'Eglise de France ne perdît pas, sous le joug d'un pouvoir oppresseur, toute la force et tout l'honneur de son épiscopat. Mais les princes ne sont plus en Europe les premiers-nés de la chrétienté ; l'indifférence a passé dans les palais des rois de la demeure des citoyens, et l'opinion publique n'est plus autour du temple comme la voix de Dieu. Tout est changé : l'Europe des barbares convertis a disparu, et n'a laissé pour appui aux catholiques que leur foi, leur indépendance, et le Dieu qui leur a dit : Je suis avec vous jusqu'à la fin. Dans cet anéantissement de toutes les causes humaines qui affoiblissoient l'influence fatale du pouvoir, et sur lesquelles nos pontifes avoient compté, il ne nous reste que le joug, le joug de l'homme, le joug d'un temps qui est, comme la mer, plein d'orages et d'abîmes. Laisserons-nous nos évêques et le christianisme avec eux à la merci de ces pouvoirs qui ne connoissent pas Dieu, qui viennent, qui s'en vont, qui ne sont plus des images d'instabilité, tant leur chute rapide détruit l'effet même de leur succession ? Supporterons-nous sans nous plaindre que nos évêques soient à la merci d'une cour ou d'un ministère ?

La cour ! qu'est-ce que cela ? « Le reproche, en un sens, le plus » honorable que l'on puisse faire à un homme, c'est de lui dire qu'il » ne sait pas la cour : il n'y a sorte de vertu qu'on ne rassemble en » lui par ce seul mot. » Ce n'est point un satyrique qui parle ainsi

de cette vie de palais qui rappelle à l'esprit tant de traditions déshonorés, depuis celles des satrapes de l'Asie jusqu'à celles de
Louis XV ; c'est un écrivain austère et respecté, qui avoit vu la cour
à son plus haut point de politesse et de décence, sous un monarque
resté le modèle de ce genre de vie qu'il auroit rendu grand, s'il
pouvoit l'être : c'est Labruyère. Et je suis bien aise de vous lire la
peinture qu'il a faite de la chapelle de Versailles, afin que vous ju-
giez si les cours sont un lieu d'où les chefs de l'Évangile doivent
être distribués aux nations affamées de saintes leçons. « Les grands
» de la nation s'assemblent tous les jours, à une certaine heure,
» dans un temple qu'ils nomment église. Il y a au fond de ce tem-
» ple un autel consacré à leur Dieu, où un prêtre célèbre des mys-
» tères qu'ils appellent saints, sacrés et redoutables. Les grands for-
» ment un vaste cercle au pied de cet autel, et paroissent debout, le
» dos tourné directement au prêtre et aux saints mystères, et les
» faces élevées vers leur roi, que l'on voit à genoux sur une tribune,
» et à qui ils semblent avoir tout l'esprit et tout le cœur appliqué.
» On ne laisse pas de voir dans cet usage une espèce de subordina-
» tion ; car ce peuple paroit adorer le prince, et le prince adorer
» Dieu (1). »

Tel étoit le spectacle que présentoit la chapelle de Versailles, et
jusqu'où l'idolâtrie de l'homme étoit portée dans le sanctuaire réservé à Dieu. Saint Ambroise ne sortit pas de cette école : il lui
fallut d'autres enseignements pour arrêter aux portes du temple l'es-
pagnol souillé du sang de Thessalonique.

Et Versailles pourtant, le Versailles de Louis XIV, étoit la cour
la plus polie de l'univers, elle avoit un maître qui, entre beaucoup
de dons personnels, possédoit un tact exquis des choses. Que seroit-
ce, Messieurs, si je vous parlois de la cour telle que le régent la
fit, et des évêques qu'elle nous donna du sein de ses voluptés dégé-
nérées ? Parmi ces choix, il en est un dont le scandale célèbre a un
caractère digne de méditation, parce qu'il apprend aux chrétiens jusqu'où le pouvoir civil peut porter la dérision de Dieu, au sein d'un
peuple qui le respecte encore. Le siége de Fénelon étoit vacant ;
nul ne devoit être l'objet d'une vénération plus grande de la part
du pouvoir, parce que nul n'avoit été occupé par un homme d'une
mémoire si pure et si aimée. Que fit le régent ? Il y nomma l'ancien valet de ses plaisirs, le précepteur qui avoit aidé la corruption
de sa jeunesse, et tout flétri qu'il étoit dans l'opinion publique

---

(1) *Caractères de Labruyère*, chap. de la Cour.

comme le dernier des hommes, il le jeta sur les autels où Fénelon avoit prié.

(M. Lacordaire lit des détails sur la nomination du cardinal Dubois, qu'on peut voir dans l'*Histoire de la régence*, par Marmontel, et cite un trait du siècle de Louis XV.)

Pardonnez, Messieurs, si je rappelle ces faits ; les leçons de l'histoire ne sont jamais profanes sur des lèvres consacrées à la vérité. Il doit nous être permis de raconter des opprobres dont nous voulons arrêter le cours et dont la cause ne peut nous être imputée ; car le régime des concordats s'établit à une époque où les palais des princes n'avoient pas donné à l'Europe chrétienne ces étonnants spectacles de corruption : la noblesse et le clergé en préservoient encore la majesté des rois francs. Aujourd'hui le voile est tombé. Le souvenir de ces excès, présents à tous les esprits, étoit présent au mien quand je traçai la catilinaire dont vous demande justice le ministère public. Et il ne me persuadera pas que je sois coupable ; eût-il une éloquence divine, il ne me persuadera pas que nous devions nous estimer heureux de recevoir de la cour nos pères et nos saints. Non, le séjour que se disputent l'orgueil, la mollesse, la flatterie, la dissimulation, l'aveuglement ; le séjour des marbres et des tapis précieux n'est pas celui où nous espérerons trouver des ames viriles. Retrempée dans les souffrances de l'exil et le sang des martyrs, la plus grande partie de l'épiscopat français s'est préservée jusqu'ici de cette épouvantable influence. Mais il craint l'avenir, il redoute une vertu même qui ne pourroit se promettre d'échapper aux faveurs corruptrices du pouvoir que par les faveurs de ses persécutions. Il est las comme nous des évêques de cour ; l'univers en est dégoûté. (*Mouvement.*)

Il n'y a plus de cour, dira-t-on, je le désire de tout mon cœur. La cour et la liberté sont deux noms irréconciliables ; les peuples de la Grèce portoient à la cour de Perse une haine immortelle, et ils avoient raison. Où il y a une cour, la liberté n'a point d'avenir.

Ce sera donc le ministère qui nommeroit nos évêques. Mais qu'est-ce qu'un ministère ? Ce sont six ou sept hommes qui ont peut-être plus d'esprit que les autres, et qui se succèdent fort rapidement dans six ou sept hôtels où sont logées toutes les affaires de la France. Du reste, ils sont chrétiens, éclectiques, juifs, athées, selon que bon leur semble, et c'est incontestablement leur droit. Mais qu'y a-t-il de commun entre nos évêques et eux ? Pourquoi faut-il que nous allions demander à ces hommes d'un jour, ceux qui doivent nous bénir et dont ils méprisent les bénédictions ? Quand un évêque étoit à la tête des affaires ecclésiastiques, sous le régim de la religion de l'État, on donna aux protestants un administrateur particulier qui professoit ouvertement leur religion, et néanmoins les organes du parti libéral se plaignirent vivement de cette violation de la liberté de conscience. Aujourd'hui que la religion est séparée de l'État, on place à la tête de ce qu'on appelle *les cultes* des hommes qui n'ont donné aucun gage à aucune religion. Patriarches universels, ils nomment de pieux évêques qui fassent refleurir les beaux jours de la catholicité, et des présidents de consistoire qui rappellent les temps de Luther; comme César dictoit en quatre langues, ceux-ci parlent à chaque religion son langage propre; ils rendent des oracles au nom de tous les dieux, espèces de panthéons vivants où le ridicule est la principale divinité.

Et plût à Dieu, Messieurs, que le ridicule fût le seul danger de leur existence! Mais le mouvement parlementaire peut amener tous les jours à la tête des cultes un ennemi de nos dogmes et de notre hiérarchie; une conspiration sourde et perpétuée de ministre en ministre peut porter sur les sièges de France des hommes vendus au pouvoir, qui tromperoient l'œil de Rome sous le voile d'une longue hypocrisie, des Cranmer, qui n'attendent que trente deniers pour livrer le Fils de l'homme. Et l'on veut que nous acceptions avec douceur notre ruine future, quand les lois et la vie nous restent pour l'empêcher! On espère que nous respecterons nos funérailles, si on les célèbre avec lenteur, si la procession est longue de l'église au cimetière! Nous ne le ferons pas, Messieurs, nous combattrons jusqu'au bout avec une fidélité qui honorera du moins nos derniers jours, si elle ne ressuscite pas les temps qui dorment couverts de la gloire et des bienfaits du christianisme.

Je crois, Messieurs, avoir détruit le premier chef d'accusation, et que vous ne me déclarerez pas coupable d'avoir provoqué à la désobéissance aux lois. Le reste de mon innocence est facile à établir; il l'est déjà par la plaidoirie victorieuse du défenseur de M. de La Mennais, et ce seroit de ma part une injustice que de vouloir ajouter à ses puissantes inspirations mes foibles efforts. J'honorerai mieux son talent et ma cause.

J'ai reproché au gouvernement des torts réels, je les lui ai reprochés avec énergie, mais sans avoir l'intention d'exciter les catholiques à le mépriser et à le haïr. Croyez-le, Messieurs, du sein de la Providence où la foi reporte incessamment nos pensées, nous regardons les empires qui tombent et ceux qui s'élèvent, avec des pensées plus pures que celles qui agitent l'homme, quand il ne voit dans ces catastrophes souveraines que le combat des intérêts humains. La liberté de l'Église et du monde nous paroît être le terme

des desseins secrets de Dieu, et c'est aussi par là que nous jugeons
des événements qui ont changé la face de la France. S'ils contri-
buent à l'affranchissement de la conscience humaine, nous leur
accorderons une part dans notre amour; s'ils trahissent leurs propres destinées, ils ne peuvent exiger de nous des serments éternels
qui ne sont dus qu'à la patrie, à la liberté, à Dieu, trois choses qui
ne meurent pas. Ce sont mes sentiments.

Quant aux griefs que l'Église catholique a exposés aujourd'hui à
la France, vous les avez entendus. Ils sont nombreux : les croix,
les églises, les personnes, ont été outragées en beaucoup de lieux;
l'enseignement a été entravé par des mesures nouvelles; mille despotes subalternes ont fait contre nous de la tyrannie au nom de la
liberté. Un préfet, pour ne citer qu'un exemple, comparoit une portion du clergé à des animaux immondes qui cherchent à déraciner
l'arbre dont les fruits bienfaisants les ont nourris. Et pourquoi?
Parce qu'ils se sont associés pour la défense de leurs droits;
parce que cette portion du clergé a refusé de prier par ordre. Messieurs, chaque fois que j'offre le saint sacrifice au Dieu tout-puis-
sant et éternel, je le prie pour Louis-Philippe ; mais je fais ici
le serment de ne jamais ouvrir mes lèvres pour celui qui
me commandera la prière. Est-ce donc une raison pour me
traiter moi et mes frères d'animaux immondes? Une raison quelconque peut-elle autoriser un préfet à insulter ainsi une partie de la
population, à la comparer à des pourceaux et à des pourceaux in-
grats? Et cet acte inouï, cet acte imprimé, nul ne l'a dénoncé,
nul ne s'en est plaint; il a passé à travers la France comme une
chose si simple que personne ne la remarque. J'ai été sensible,
Messieurs, à ces injures de mes frères; j'ai élevé pour eux et pour
moi-même une voix animée par le sentiment de notre dignité commune à tous; car tous, et vous avec nous, nous sommes des citoyens de la France, de ce pays qui sera libre, et auquel chacun est
comptable de son honneur, tenu de le défendre, tenu de repousser
l'injure et l'oppression. Je l'ai fait autant qu'il dépendoit de moi;
je suis pur des opprobres qu'ils ont voulu amasser sur nos têtes :
mon devoir est accompli.

Le vôtre, Messieurs, est de me renvoyer absous de cette accusation; ce n'est pas pour moi que je vous le demande. Il n'y a qu
deux choses qui donnent du génie, Dieu et un cachot : je ne do
donc pas craindre l'un plus que l'autre. Mais je vous demande mon
acquittement comme un pas vers l'alliance de la foi et de la liberté,
comme un gage de paix et de réconciliation. Le clergé catholique a
fait son devoir; il a crié vers ses concitoyens, il leur a jeté des paroles d'amour; c'est à vous d'y répondre. Je vous le demande en-

core, afin que ces despotes subalternes, ressuscités de l'empire, apprennent au fond de leur province qu'il y a aussi une justice en France pour les catholiques, et qu'on ne peut plus les sacrifier à de vieilles préventions, à des haines d'un siècle désormais fini. Voilà donc, Messieurs : je vous propose d'acquitter Jean-Baptiste Henri Lacordaire, attendu qu'il n'a point failli, qu'il s'est conduit en bon citoyen, qu'il a défendu son Dieu et sa liberté : et je le ferai toute ma vie, Messieurs. (*Applaudissements.*)

M. le président. J'ai déjà plusieurs fois rappelé à l'ordre le public ; il est inconcevable qu'on respecte si peu la justice.

Il est neuf heures du soir. M. l'avocat-général demande à la cour de se retirer pendant cinq minutes, pour qu'il vérifie quelques pièces qui lui ont été transmises par la défense. Presque immédiatement, il prononce une réplique où il s'attache à ramener la discussion aux termes des articles incriminés. Me Janvier reprend la parole, et suit M. l'avocat-général dans les moyens rappelés par lui en faveur de l'accusation. Prêt à terminer, il annonce que M. de La Mennais veut ajouter quelques mots à sa défense. M. de La Mennais fait signe que ses forces épuisées ne le lui permettent pas, et le défenseur, inspiré par son geste, présente aux jurés le spectacle de ce corps éteint par le génie, et leur dit de prendre garde que la postérité ne leur demande compte de quelque chose qui seroit inexpiable.

Les jurés se rendent dans leur chambre à onze heures du soir. Un grand nombre d'avocats et de jeunes gens attendent autour de M. de La Mennais et dans les tribunes l'issue de l'affaire ; une sympathie plus animée se manifeste dans leurs traits et dans leurs discours. Presque tous paroissent convaincus que le jury prononcera l'acquittement.

A minuit moins huit minutes, l'audience est reprise. Le chef des jurés donne lecture de la déclaration du jury ; elle est négative sur toutes les questions, mais à la seule majorité de six contre six sur le délit d'excitation à la haine et au mépris du gouvernement, imputé à M. Lacordaire. M. de La Mennais est couvert d'embrassements par ses jeunes disciples, et reçoit les félicitations de beaucoup d'autres personnes.

Ainsi s'est terminé ce procès. Il ne nous appartient pas de dire quelle influence il aura sur les destinées de la religion dans notre patrie. Nous avons dû peindre l'intérêt puissant qu'il a excité, la sympathie vive et inattendue qu'il a fait jaillir des cœurs de toute la jeunesse présente aux débats. Le reste n'est pas encore accompli, et d'autres le diront un jour. Plusieurs se sont étonnés qu'on eût accordé si peu de place dans les plaidoiries au récit des vexations subies par les catholiques. Mais ce n'étoit point là qu'étoit la cause :

elle étoit toute entière dans la ruine du gallicanisme ; dans la révélation faite à la France du catholicisme romain, et dans l'agression franche contre notre législation civile dans ses rapports avec la religion. Là étoit la plaie de la société, la source de toutes les humiliations imposées aux catholiques, au nom des lois et malgré les lois. Il s'agissoit de sauver l'avenir, et devant cet immense intérêt, le pardon du passé avoit quelque chose de plus puissant qu'une récrimination qui eût enseveli la doctrine au milieu des faits.

Après avoir vengé la religion devant le pays, il restoit une tâche aux rédacteurs de l'*Avenir* ; c'étoit de mettre aux pieds du St. Siége les doctrines qu'ils venoient de soutenir, et d'en appeler à sa souveraine intervention entre eux et leurs calomniateurs. Ce but fut atteint par la déclaration suivante.

DÉCLARATION PRÉSENTÉE AU SAINT-SIÉGE PAR LES RÉDACTEURS DE L'AVENIR.

« Aujourd'hui plus qu'à aucune autre époque, les écrivains catholiques doivent redoubler de vigilance et de précautions, pour s'assurer qu'ils ne s'écartent en rien de la vraie doctrine. La tradition et l'histoire de l'Église leur indiquent le plus sûr moyen de parvenir à ce but ; c'est de s'adresser directement au Saint-Siége, infaillible gardien de la vérité.

» Lorsque nous nous sommes déterminés à combattre, dans des temps difficiles, pour la cause de la foi et de la liberté catholiques, nos premiers regards se sont tournés vers la Chaire d'où descendent, pour l'univers chrétien, la lumière et la sagesse. Mais la mort prématurée du vénérable pontife dont l'Église déplore la perte ne nous a pas laissé le temps d'accomplir un devoir bien cher à nos cœurs. Nous nous empressons de le remplir, maintenant que l'élection d'un pasteur suprême va mettre fin au deuil de la chrétienté, et nous saisissons, avec une joie filiale, l'occasion de joindre nos foibles hommages aux acclamations d'espérance et d'amour prêtes à saluer l'apparition de celui dont il a été dit de toute éternité : *Pais mes agneaux, pais mes brebis.*

» Guidés par ces sentiments, et suivant les exemples que nous ont laissés, dans tous les siècles, les écrivains jaloux de marcher dans la route de l'obéissance catholique, nous déposerons aux pieds de notre saint Père le Pape, dès que son élection nous sera connue, la déclaration suivante qui contient le sommaire de nos doctrines : heureux s'il nous est donné d'imiter, selon le précepte du Sauveur, l'humble docilité des petits enfants !

» Nous proposant aussi de communiquer cette déclaration à nos frères, nous avons dû joindre à l'énoncé des doctrines plusieurs observations, qui eussent été superflues si elle eût dû être placée seulement sous les yeux du souverain pontife. Nous avons pour but, en la publiant, d'empêcher, autant que cela dépend de nous, les fausses interprétations, par lesquelles l'inadvertance, les préjugés, les passions peut-être dénaturent nos doctrines, et calomnient quelquefois nos intentions même. Dieu nous est témoin que nous ne conservons de ressentiment à aucun de nos frères. Tout notre désir, c'est que ceux qui croient devoir blâmer nos travaux rivalisent avec nous par leur soumission sans réserve au vicaire de Jésus-Christ, et ce jour seroit beau, où nous nous retrouverions prosternés tous ensemble devant notre Père commun.

EXPOSITION DES DOCTRINES DE L'AVENIR.

Méthode qu'il suit.

» Comme nous vivons dans un temps où toutes les vérités sont remises en question, nous devons d'abord exposer en peu de mots ce qui constitue à la fois la base de nos discussions, et la méthode qui les dirige, au milieu de ce grand combat des esprits.

» Nous admettons que l'homme doit prendre pour règle fondamentale de ses jugements, non les opinions individuelles, variables de leur nature et opposées entre elles, mais les croyances générales et perpétuelles de la société humaine, lesquelles présentent, dans leur permanence et leur universalité, le caractère immuable du vrai.

» Cette règle, une fois admise, exclut les erreurs diverses des athées, des matérialistes, des déistes, puisque la tradition du genre humain atteste l'existence d'une religion originairement révélée, et qu'elle certifie en particulier les deux bases du christianisme, la dégradation primitive de l'homme, et l'attente d'un réparateur. D'après cela, nous regardons le grand principe d'autorité comme conduisant directement à la foi chrétienne, proprement dite, d'autant plus que les faits qui prouvent la mission divine du Christ reposent sur des témoignages qui forment, en matière de certitude historique, la plus haute autorité.

» Arrivé au christianisme, l'homme discerne d'une manière certaine, la doctrine de Jésus-Christ, en suivant toujours la même voie. Car la méthode individuelle du protestantisme n'est qu'une application faite au christianisme du principe général du doute et de l'erreur, comme la méthode catholique d'autorité est une application du principe général de certitude, ou de la loi constitutive de la raison humaine.

» Tout ce que l'on admet par voie d'autorité compose ce que nous appelons l'*ordre de foi*. Nous nous servons de cette expression dans le seul but d'indiquer, par une formule abrégée, que, dans cet ordre, l'homme prend pour base de son adhésion à telle ou telle vérité, les croyances communes, et non pas ses pensées propres. Mais, comme l'intelligence humaine est essentiellement active, nous admettons un second ordre, que nous nommons ordre de *conception*, ou ordre *d'intelligence et de science*, suivant le langage des Pères de l'Église. Cet ordre, qui a son fondement et sa règle nécessaire dans le premier, comprend cet ensemble de spéculations, par lesquelles les individus, les peuples, l'humanité s'efforcent d'agrandir la sphère de la raison.

» Nous pensons que si le catholicisme maintient immuablement le premier ordre ou l'ordre fondamental, il est en même temps dans sa nature de favoriser les progrès de la science, de sorte que la perfection à laquelle, sous ce rapport, il appelle l'humanité se trouveroit réalisée dans un état de choses, où la plus grande stabilité dans la foi seroit combinée avec la plus grande activité de l'intelligence.

» Venons maintenant à notre profession de foi comme catholiques.

Profession de foi.

» La tradition générale de l'Église catholique atteste que Jésus-Christ a transmis son pouvoir à Pierre et à ses successeurs, que *tout ce qu'ils auront lié sur la terre sera lié dans le Ciel*; que *tout ce qu'ils auront délié sur la terre sera délié dans le Ciel*; que le pontife romain, en un mot, est le chef de toute l'Église, le père, le *docteur* de tous les chrétiens, et qu'il a reçu de Jésus-Christ, dans la personne de saint Pierre, le *plein pouvoir* de paître, régir et gouverner l'Église universelle (1).

» En conséquence, nous faisons profession de la soumission la plus complète à l'autorité du vicaire de Jésus-Christ. Nous n'avons, nous ne voulons avoir d'autre foi que sa foi, d'autre doctrine que sa doctrine. Nous approuvons tout ce qu'il approuve, nous condamnons tout ce qu'il condamne, sans ombre de restriction, et chacun de nous soumet au jugement du Saint-Siége tous ses écrits passés ou futurs, de quelque nature qu'ils soient.

» D'après ces principes, profondément gravés dans nos ames, nous repoussons de toutes nos forces le gallicanisme, d'abord parce que la déclaration de 1682, qui en est l'expression, a été *cassée, annulée, improuvée* (2) plusieurs fois par le Saint-Siége, sans distinction d'ar-

---

(1) Concile général de Florence.

(2) Omnia et singula, quæ tam quoad extensionem juris regaliæ, quàm quoad declarationem de potestate ecclesiasticâ, ac quatuor propositiones in eâ

ticles ; et ensuite parce que la doctrine qu'elle renferme, opposée à l'invariable enseignement de l'Église romaine, établit à la fois l'anarchie dans la société spirituelle, et la servitude dans la société politique.

» Les *évêques*, étant chargés par l'*Esprit saint* de *gouverner*, sous la conduite du souverain Pontife, l'*Église de Dieu*, nous faisons aussi profession de croire qu'en tout ce qui tient à l'administration spirituelle de chaque diocèse, prêtres et laïques doivent fidèlement obéir aux ordres de l'évêque institué par le Pape, excepté le cas où ses ordres seroient contraires aux décrets de l'autorité supérieure. C'est pour cela que nous ne reconnoissons à aucun évêque le droit de faire signer à ses prêtres les quatre articles de 1682, improuvés par le Saint-Siége. Et, quant à la conduite à tenir, dans le sacrement de pénitence, envers les prêtres qui admettent ou professent la doctrine de ces quatre articles, nous croyons que l'on doit se conformer à la décision de la sacrée pénitencerie, en date du 27 septembre 1820.

Du pouvoir temporel.

» Outre le pouvoir spirituel dont la plénitude réside dans le pontife romain, nous reconnoissons l'existence d'un pouvoir différent, appelé pouvoir temporel. Nous croyons à la distinction de ces deux puissances, parce qu'elle a été invariablement maintenue par la tradition de l'Église, et de plus nous la concevons comme résultant de la nature des choses. Car, de même qu'il existe, pour la raison, deux ordres, l'un de foi, l'autre de science, de même il existe, relativement aux actions humaines, deux ordres également distincts, l'un qui renferme tout ce qui est prescrit par la loi divine, l'autre, dans lequel les hommes se conduisent d'après leurs propres opinions, et qui est dès-lors dépendant de leur volonté pour les mêmes motifs et dans les mêmes limites que l'ordre de science dépend de leur raison. Ce second ordre forme le domaine propre de la société temporelle, laquelle ne peut subsister, comme société, que moyennant un pouvoir du même genre, c'est-à-dire, un pouvoir déterminé, sous divers rapports, comme nous l'expliquerons bientôt, par les conventions humaines, tandis que la société spirituelle et le pouvoir qui la régit sont, par leur nature même, indépendants de toute espèce de convention.

---

contentas, in supradictis comitiis cleri gallicani anni 1802 habitis acta et gesta fuerunt cum omnibus et singulis mandatis, arrestis, etc., improbamus, cassamus, irritamus, et annulamus..... deque eorum nullitate coram Domino protestamur. Bulle *Inter multiplices* d'Alexandre VIII.

Des rapports de la puissance spirituelle et de la puissance temporelle.

» Mais si nous admettons la distinction de ces deux puissances, nous ne pouvons, comme catholiques, admettre qu'elles soient réciproquement indépendantes. Car les conventions humaines n'étant libres qu'à la condition de ne pas violer la loi divine, qui est leur règle permanente, l'ordre temporel, qui se compose de ces conventions, est par là même subordonné à l'ordre spirituel, qui renferme cette loi, et les deux pouvoirs sont nécessairement entre eux dans les mêmes rapports que les deux sociétés qu'ils représentent.

» Nous reconnoissons, en ce sens, cette subordination, parce qu'elle appartient à la foi catholique, comme il sera dit ci-dessous, lorsqu'il sera plus spécialement question du pouvoir politique.

De l'union de l'Eglise et de l'Etat.

« Sans des croyances communes, d'où dérivent des devoirs com-
» muns, nulle société stable, et même nulle société possible. Car il
» n'existe de vraie société qu'entre les êtres intelligents, et si les in-
» térêts peuvent momentanément rapprocher les hommes, le nœud
» qui les unit doit, pour employer l'expression de Pascal, prendre ses
» *plis et replis* dans quelque chose de bien autrement profond, dans
» ce que leur nature recèle à la fois de plus intime et de plus noble.
» Ce lien des esprits, cette loi qui, en réglant les pensées et les vo-
» lontés, ramène l'individu à l'unité sociale, est ce que tous les
» peuples aussi appellent religion ; et tous les peuples aussi ont vu
» dans la religion le premier fondement, la condition essentielle de
» toute société ; et celle dont l'objet propre est de régler les rapports
» politiques et civils, ou les rapports extérieurs entre les hommes,
» n'est que l'extension, le complément de la société primitive des
» esprits.

» Naturellement la société religieuse et civile, l'Église et l'État sont
» donc inséparables : voilà l'ordre. Mais il peut arriver que les
» croyances se divisant, il se forme, dans l'État, en quelque ma-
» nière, plusieurs sociétés spirituelles, et dès-lors l'État ne pouvant
» s'identifier avec l'une sans rompre avec les autres, il s'ensuit d'a-
» bord que chacune d'elles tendant, pour ainsi dire, à se constituer
» extérieurement, ou à faire dans l'État un autre État, la guerre de
» croyances ou d'opinions devient une guerre politique et civile per-
» manente ; et, en second lieu, que chaque opinion ou chaque
» croyance prévalant tour à tour, elles finissent par être toutes op-
» primées successivement. La force remplaçant la discussion, au lieu
» de s'éclairer on s'irrite ; les passions s'exaltent ; on ne s'écoute
» même plus ; l'anarchie devient interminable. Le remède, l'unique

»remède à un mal si grand est de laisser cette guerre spirituelle se
»poursuivre et se terminer par des armes spirituelles (1). »

Conséquence de ce qui précède.

»D'après ces principes sur la nature et les rapports des deux sociétés religieuse et politique, nous professons :

» 1° Que le pouvoir temporel n'a par lui-même aucun droit d'exiger soit une déclaration de doctrine, qui auroit été *improuvée* par
le Saint-Siége, soit une déclaration de doctrine quelconque. Lui reconnoître ce droit, ce seroit lui donner celui d'opprimer les consciences, ce seroit admettre un principe de schisme.

» 2° Que le droit que s'arrogent certains gouvernements de permettre, de suspendre, ou d'interdire à leur gré les rapports des
Églises particulières et des évêques avec le chef de l'Église, et no-
tamment d'empêcher, selon leur bon plaisir, la publication des
actes du Saint-Siége relatifs à la foi, aux mœurs et à la discipline,
que ce prétendu droit, disons-nous, attaque directement l'existence
de l'Église même, puisque ces communications constituent la vie
du catholicisme; et nous déclarons en outre qu'en ce qui nous
concerne particulièrement comme Français, cette prétention n'est
que le reste d'un vieux despotisme, destructif de la liberté religieuse, garantie par la loi fondamentale de la France.

» 3° Qu'il en est de même des dispositions des articles dits organiques du concordat de 1801, contre lesquelles le Saint-Siége a
protesté, et des ordonnances ou actes du gouvernement qui pla-
cent dans sa dépendance soit l'éducation ecclésiastique en particulier, soit l'éducation chrétienne en général.

» 4° Que, si le gouvernement a le droit de régler, par rapport au
mariage, l'état civil des parents et des enfants, sa juridiction ne
s'étend point et ne peut s'étendre sur le lien divin, qui constitue le
mariage même; qu'en conséquence, un mariage contracté selon les
lois de l'Église, est et demeure valide, lors même que l'État n'en
reconnoîtroit pas la validité sous les rapports civils, les seuls que
ces lois puissent atteindre. Nous adhérons pleinement, à ce sujet, à
la doctrine exprimée dans la lettre encyclique du pape Pie VIII.

De la société politique et civile.

»Relativement à la société politique et civile, nous distinguons
deux ordres, savoir, l'ordre essentiellement légitime, invariable et
universel, parce qu'il n'est que la loi même de justice protectrice

---

(1) *L'Avenir,* 18 octobre 1830.

de tous les droits ; et l'ordre purement légal, qui, variant suivant les temps et les lieux, dépend des conventions humaines.

De l'ordre légitime.

Du droit divin.

»La société politique et civile ne pouvant subsister sans un pouvoir, c'est-à-dire, une force prépondérante destinée à ramener à l'ordre ou au respect des droits de tous les volontés perverses qui, depuis la chute originelle, s'efforcent constamment de le troubler par la violence, ce pouvoir est évidemment, en ce sens, de droit divin, puisque Dieu, qui a fait l'homme être social, veut tout ce qui est nécessaire à la conservation {de la société. L'Église catholique a constamment enseigné cette doctrine, dont la négation renfermeroit la destruction de toute idée de droit et de l'idée de Dieu, en supposant un droit, une justice qui ne dériveroit pas de la justice suprême et essentielle, qui est Dieu même.

»Nous reconnoissons en même temps, et d'après les mêmes principes, que les individus, les familles, les peuples ont également des droits divins, qui ne sont point une concession des princes, mais qui ont leur source dans quelque chose d'antérieur et de supérieur à tout pouvoir politique quelconque. Autrement il faudroit dire que la loi de justice dépend de la volonté arbitraire d'un ou de plusieurs hommes, et qu'il n'existe aucun devoir pour les souverains, car tout devoir de leur part suppose nécessairement des droits correspondants qui le déterminent. Voilà pourquoi nous disons que la liberté, c'est-à-dire, un régime protecteur de la justice est aussi de droit divin ; et comme le pouvoir politique n'est nécessaire ou voulu de Dieu que pour maintenir cette loi de justice, et procurer son complet développement, selon les besoins de chaque époque, le pouvoir dès-lors n'est de droit divin qu'à la condition de protéger le droit divin des peuples à la liberté. C'est dans ce sens que la tradition catholique a toujours interprété cette parole de l'Écriture : Le prince est le *ministre de Dieu pour le bien : Minister Dei in bonum.*

De l'amissibilité du pouvoir.

»D'après cette notion catholique du pouvoir, nous admettons que, lorsque la force sociale prépondérante, au lieu d'être conservatrice, se transforme en force destructive des droits de tous, et viole fondamentalement la loi de la justice, elle cesse d'être ce pouvoir légitime, qui n'est d'institution divine que parce qu'il est nécessaire à la conservation de l'ordre social. Aussi le pape Pie VI, expliquant, dans un bref adressé aux catholiques français, ce mot de l'Apôtre : *Toute puissance vient de Dieu*, a pris soin de leur faire remarquer que cela est dit, *non pas de chaque prince*, mais *du pouvoir en général*. L'amissibilité du pouvoir, pour cause d'indignité ou de tyrannie, est une vérité qui fait partie de la doctrine catholique. S'il n'en étoit pas ainsi, les actes des Papes et des conciles généraux pendant une longue suite de siècles eussent manqué de base, et l'Église auroit elle-même violé sa propre doctrine.

» Que si tel pouvoir particulier peut cesser d'être légitime, la société, fondée sur le droit, ne doit pas pour cela être condamnée à périr; et dès-lors il est nécessaire qu'il y ait un moyen de substituer à cette force destructive de la justice un pouvoir vrai ou conservateur. Ce moyen, quel qu'il soit, ne doit pas être un acte de force brute, puisqu'il a pour but de replacer la société sur la base de la justice. Il doit donc être un acte moral, un acte de raison et de conscience, c'est-à-dire, qu'il doit être réglé fondamentalement par la loi divine, et qu'ainsi il dépend, au même degré, du moyen même par lequel les hommes connoissent, d'une manière certaine, cette loi. Ces principes sont communs à tous les temps et à tous les lieux. Mais pour se former une idée juste de leur application, on doit distinguer les peuples chez lesquels la société est constituée catholiquement, de ceux qui se sont trouvés ou se trouvent, à divers égards, en dehors de l'ordre social catholique.

» La différence radicale qui sépare du catholicisme les diverses sectes protestantes et philosophiques consiste en ce que le catholique prend pour règle l'autorité religieuse universelle, tandis que le protestant et le philosophe ne reconnoissent d'autre règle que leur opinion individuelle. De même que ceux-ci décident souverainement, chacun d'après sa manière de voir particulière, les questions de conscience, relatives au droit de commander et au devoir d'obéir, de même les peuples, constitués catholiquement, seroient inconséquents au principe fondamental du catholicisme, s'ils ne reconnoissoient, comme tribunal souverain, la suprême autorité religieuse, toutes les fois qu'une question sociale dépend de l'interprétation et de l'application de la loi divine. Ceci ayant été expliqué ailleurs fort au long, il n'est pas nécessaire d'exposer ici l'ordre social catholique dans toute son étendue, et nous nous bornons à déclarer que nous en admettons les bases telles qu'elles sont très-clairement établies par la bulle *Unam sanctam*, insérée par ordre de Clément V dans le corps du droit canon. Et pour qu'on ne puisse se méprendre, en aucune manière, sur notre pensée, nous ajouterons que nous ne confondons point le droit inhérent à la souveraineté spirituelle avec les formes sociales particulières aux sociétés du moyen âge, formes qui rentrent dans ce que nous appelons l'ordre légal, et qui dépendent dès-lors, comme nous l'expliquerons bientôt, des conventions humaines.

» L'ordre social catholique a pour objet de garantir les peuples contre la tyrannie, en leur épargnant les calamités qui accompagnent toujours les résistances violentes ou les révolutions; de la même manière que l'institution des tribunaux a pour objet de garantir les personnes et les propriétés, en évitant les dangers de la défense personnelle. Tendant à constituer l'humanité entière dans une grande société de peuples, il est le perfectionnement de l'ordre social primitif.

» Mais tous les peuples ne sont pas encore en état de participer à ce bienfait. Car outre ceux qui sont totalement étrangers au catholicisme, il en est d'autres chez lesquels, bien qu'un grand nombre d'individus professent la vraie foi, l'Etat est néanmoins hors de l'ordre social catholique, soit parce qu'étant divisés de croyances, ils ne peuvent agir catholiquement comme peuples, soit parce que des circonstances, qui datent de plusieurs siècles, s'opposent à l'intervention efficace de l'autorité religieuse en leur faveur. Or, dans tout état de choses auquel les principes de l'ordre social catholique ne sont point applicables, les sociétés repassent, pour le cas d'oppression réellement tyrannique, sous l'empire de ces principes généraux que la grande majorité des théologiens, et à leur tête saint Thomas, considèrent comme le droit commun des peuples. « Le régime tyrannique, dit » l'Ange de l'école, est injuste, parce qu'il a pour fin, non le bien » commun, mais le bien particulier de celui qui gouverne. En consé- » quence la destruction de ce régime n'a point le caractère de sédition; » excepté le cas où elle entraîneroit de si grands désordres que la » multitude des sujets souffriroit plus de cette destruction que du » régime tyrannique lui-même (1). »

» En adhérant aux principes de saint Thomas et des autres théologiens, nous ferons deux observations.

» Premièrement, leur doctrine ne peut pas être confondue avec la doctrine que Jurieu et Rousseau ont défendue sous le nom de souveraineté du peuple. Celle-ci, en effet, consiste fondamentalement à supposer que le peuple n'a d'autre loi que sa volonté, laquelle

____

(1) Regimen tyrannicum non est justum, quia non ordinatur ad bonum commune, sed ad bonum privatum regentis.... ideo perturbatio hujus regiminis non habet rationem seditionis ; nisi fortè quando sic inordinatè perturbatur tyranni regimen, quòd multitudo subjecta majus detrimentum patitur ex perturbatione consequenti quàm ex tyranni regimine. *Sum. th., sec. secund.* q. XLII, art. II, ad. 3.

créé la justice : doctrine qui renferme évidemment l'athéisme, et dont il ne peut jamais sortir que d'épouvantables calamités. Les théologiens catholiques, au contraire, posent en principe, que chaque peuple est soumis, comme les individus, à la loi divine de justice, essentiellement indépendante de sa volonté, et promulguée par la conscience du genre humain : en conséquence ils établissent que le droit de résistance, réglé par cette loi, ne peut s'exercer que lorsque cette résistance est nécessaire pour faire prévaloir la justice contre la force perturbatrice de la société.

»En second lieu, les théologiens ne se sont point dissimulé les énormes abus qui pouvoient vicier, dans plusieurs cas, l'exercice de ce droit terrible. Mais ils ont pensé qu'en cette matière, comme dans toutes les autres, les abus ne détruisent pas un droit réel. Personne ne nie la légitimité de la défense personnelle contre un assassin, bien que chaque individu puisse se tromper dans l'application de ce droit, et dépasser les limites de ce que les jurisconsultes appellent le *moderamen inculpatæ tutelæ*. Les théologiens ont raisonné de même à l'égard d'un peuple qui se trouveroit placé, par un tyran, dans une sorte de guet-à-pens social. La seule conséquence que l'on puisse tirer de ces redoutables luttes, c'est que l'humanité doit hâter par ses vœux l'époque où les peuples concourront d'eux-mêmes au rétablissement de l'ordre social catholique, de cet ordre qui substitue, à l'état de guerre entre le pouvoir et les sujets, inévitable en tout autre système, l'intervention d'une autorité essentiellement pacifique.

De l'ordre légal.

»L'ordre légal comprend cet ensemble de prescriptions qui varient suivant les temps et les lieux, et qui ont pour but d'assurer l'application de la loi universelle de justice, aussi parfaitement que le permet l'état intellectuel, moral et physique de chaque peuple.

»Considéré en général, l'ordre légal est nécessaire à la conservation de la société, au même degré que le pouvoir politique lui-même, et ils ont l'un et l'autre leur raison première dans l'ordre légitime, qui est aussi leur règle invariable.

»Chaque ordre légal particulier n'est pas arbitraire, en ce sens que l'un ne soit pas préférable à l'autre, ou qu'ils correspondent tous également aux besoins de la société. Mais il est arbitraire, en ce sens que n'étant pas déterminé par la loi de justice universellement connue, il dépend, dans son institution, des opinions et des conventions humaines.

»L'ordre légal renferme deux objets principaux, d'où tout le reste dérive : 1° les formes d'après lesquelles le pouvoir politique s'établit et se transmet dans chaque pays; 2° les conditions particulières qui

(95)

déterminent, dans chaque société, les limites dans lesquelles le pouvoir doit se renfermer : ce qui constitue les diverses espèces de gouvernement.

» Sur le premier point, nous adhérons à la doctrine enseignée par les théologiens catholiques, savoir : que, si l'on excepte les sociétés patriarchales, régies par l'autorité du chef de famille, les formes d'après lesquelles chaque pouvoir politique s'établit, et qui en règlent la transmission, dépendent primitivement du consentement formel ou tacite de la communauté. Tel est, dit Suarèz, la doctrine commune, non-seulement des théologiens, mais encore des jurisconsultes (1). Elle est fondée sur ce principe qu'une forme de gouvernement, qui n'est pas d'institution divine, ne peut avoir d'autre base qu'un pacte humain.

» Les théologiens admettent en conséquence, et nous admettons avec eux que ce pacte peut déterminer des conditions particulières auxquelles les dépositaires du pouvoir soient tenus de se conformer. C'est ainsi que dans les monarchies catholiques du moyen âge, la souveraineté étoit conditionnelle, non-seulement en vertu de la loi de justice, antérieure à tout pacte, et qu'aucun pouvoir politique ne peut détruire fondamentalement sans se détruire lui-même, mais encore en vertu de certaines stipulations expresses, que les rois juroient dans leur sacre, et que, d'après le droit public de cette époque, ils ne pouvoient fouler aux pieds, sans forfaire à leurs propres droits à la couronne.

» Ici encore nous remarquerons que la doctrine de l'école, suivant laquelle la société politique renferme, à certains égards, un contrat synallagmatique entre le souverain et les sujets, diffère essentiellement, pour la même raison précédemment indiquée, de la doctrine du contrat social, telle qu'elle a été soutenue par des protestants, et des philosophes du dix-huitième siècle. Elle en diffère de deux manières; car, d'abord, le pacte admis par les théologiens ne tombe que sur ce qui n'est pas antérieurement déterminé par la loi divine de justice, au lieu que, suivant Rousseau, le contrat social constitue la loi de justice même. Secondement, Rousseau soutient, conséquemment à son principe, que les hommes sont parfaitement libres de dissoudre l'ordre social, comme ils ont été maîtres, suivant lui, de l'instituer. Les théologiens établissent, au contraire, que la

---

(1) Cardinalis Bellarminus non inter populum et Deum medium posuit, sed inter regem et Deum voluit populum esse medium, per quod rex talem accipit potestatem. *Def. fid. catholic.*, lib. III, cap. 11.... Hæc resolutio quoad omnes partes communis est, non solùm theologorum sed etiam juris peritorum. *Ibid.*

société est l'état naturel de l'homme, qu'elle est, dès-lors d'institution divine, et que, si les diverses formes sociales dépendent du consentement des hommes, l'obligation de maintenir l'état social n'en dépend point.

« Conformément à la doctrine des théologiens, qui suppose que chaque ordre légal, d'institution humaine, est inévitablement sujet à des modifications et des renouvellements successifs, nous pensons qu'il peut être changé ou cesser principalement de trois manières. « D'abord, il peut cesser de la même manière qu'il a été établi, » c'est-à-dire, par voie de consentement. *Per quascumque causas res* » *nascitur, per easdem dissolvitur.* Ainsi, dans l'ancienne monarchie » française, le roi et les états-généraux auroient pu changer l'ordre » légal de succession au trône. Il peut cesser, en second lieu, par voie » de procès ou de guerre. Qu'il s'élève entre deux individus une » contestation au sujet d'un contrat qui règle leurs obligations réci- » proques, ils recourent à un tribunal. Si deux nations ne s'accordent » pas sur l'observation d'un traité, elles en appellent, s'il y a lieu, à » une puissance médiatrice. De même, dans un ordre social où l'on » reconnoîtroit, comme dans le moyen âge, un arbitre entre les » peuples et les rois, leurs dissensions pourroient être terminées par » des moyens juridiques ; mais partout où il n'existe pas un tribunal, » un médiateur, un arbitre pour mettre fin pacifiquement aux contes- » tations particulières ou nationales, la force en décide. La guerre » remplace le procès, et c'est là même la raison de sa nécessité. Enfin » il y a, dans l'histoire des sociétés, des époques où tout un ancien » ordre légal se disloque, chancelle et s'écroule, en même temps que » l'époque est encore loin où un nouvel ordre pourra être solidement » établi. Dans ces grandes crises on repasse sous l'empire de l'ordre » légitime seul. Alors il ne s'agit pas d'examiner en quelles mains » devroit se trouver la force sociale, selon l'ordre légal précédemment » établi ; on doit se demander seulement quelles sont les forces qui » s'exercent conformément à la loi de justice, ou qui protégent la vie, » les propriétés, la liberté de tous, quelles sont celles qui agissent en » sens contraire ; et s'il s'établit une force prépondérante, qui cherche » à se légitimer par le respect des droits de tous, toutes les forces » individuelles doivent se grouper autour d'elle, pour maintenir la loi » de justice, ou l'ordre éternellement légitime (1). »

L'ordre légal n'étant nécessaire, comme le pouvoir temporel lui-même, que pour maintenir l'ordre légitime contre les attentats des passions, nous pensons qu'à mesure qu'un peuple fait des progrès

______

(1) *L'Avenir,* 20 octobre 1830.

en intelligence et en moralité, la nécessité du joug légal diminue,
dans la même proportion, et qu'ainsi le catholicisme, en perfection-
nant continuellement la raison sociale et les mœurs, tend, par son
action propre, à resserrer l'intervention de la force dans des limites
de plus en plus étroites, et à gouverner l'humanité, autant que le
permet la corruption native de l'homme, par les lois pures de l'intelligence et de l'amour.

Propositions rejetées par les rédacteurs de l'Avenir.

»Pour rendre plus clair encore cet exposé sommaire de nos doctrines, nous allons les présenter sous une autre forme, en produi-
sant ici une série de propositions que nous faisons profession de rejeter.

De la raison.

» 1. La raison particulière de chaque homme doit être la règle primitive et fondamentale de toutes ses croyances.

» 2. Lorsque la conviction particulière d'un individu se trouve en
opposition avec les croyances perpétuelles et universelles, il doit
s'en tenir à son sens privé préférablement au sens commun.

» 3. Il y a dans la vie de l'homme une époque où, pour se conformer aux lois de la raison, il doit tenir en suspens, provisoirement
du moins, toutes ses croyances.

» Nous considérons ces trois propositions comme subversives du
catholicisme, et comme le principe logique de toutes les hérésies.

Du pouvoir spirituel.

» 4. Le Concile général est supérieur au Pape.

» Nous regardons cette proposition comme destructive de la constitution monarchique de l'Eglise, laquelle est de foi (1).

» 5. Le pouvoir du Pape doit être modéré par les canons.

» Nous rejetons cette proposition, en tant qu'elle suppose, ou que
le Pape ne peut pas s'élever au-dessus des canons, lorsque le bien
de l'Église le demande, ou que ce n'est pas à lui qu'il appartient
de juger souverainement si le bien de l'Église le demande. Nous
considérons dès-lors cette proposition comme principe de schisme,
et spécialement parce qu'elle attaque la légitimité et la validité

---

(1) Monarchiæ formam non fuisse immediatè in Ecclesiâ à Christo institu-
tam. *Hæc propositio est hæretica, schismatica, ordinis hierarchici subversiva, et
pacis Ecclesiæ perturbativa.* Censure du livre de Marc-Antoine de Dominis,
par la faculté de théologie de Paris. *Collectio judic.*, Tom. I, part. II,
page 105.

du concordat de 1801, par lequel le Pape s'est placé au-dessus des canons.

» 6. Dans les matières de foi, le jugement du pontife romain n'est irréformable qu'après que le consentement de l'Église s'y est joint.

» Nous rejetons cette proposition, particulièrement 1° parce que les Papes n'ont jamais souffert qu'on tînt douteuse un seul moment l'autorité de leurs décisions adressées à l'Église entière ; 2° parce que cette proposition est contraire à la profession de foi sanctionnée par le huitième concile général, suivant laquelle *on doit suivre en tout le Siége apostolique, dans lequel réside l'entière et vraie solidité de la religion chrétienne*, et ne point réciter dans les sacrés mystères les noms de ceux qui sont séparés de la communion de l'Église catholique, c'est-à-dire, qui n'ont pas *en tout* les mêmes sentiments que le Siége apostolique (1) ; 3° parce que cette proposition implique une des propositions suivantes :

» Ou que le Pape venant à tomber dans l'erreur en décidant, comme Pape, une question de foi, l'Église adhéreroit à cette erreur, ce qui renverse complètement l'infaillibilité qui lui a été promise par Jésus-Christ.

» Ou que le corps des évêques ramèneroit le Pape à la vraie foi ; ce qui suppose que le centre d'unité peut se trouver hors de l'Église romaine ;

» Ou enfin que l'autorité du Pape, d'une part, et celle des évêques de l'autre, se balanceroient mutuellement, c'est-à-dire, qu'il est possible que l'Église, ayant à sa tête un Pape très-légitime, avec un concile très-régulièrement assemblé, soit néanmoins dépourvue pendant quelque temps de l'autorité suprême qui donne la dernière force à ses décisions.

» Ces trois propositions sont rejetées par nous, comme directement contraires à la foi catholique.

» 7. On doit obéir aux ordres d'un évêque, dans le cas même où il

---

(1) Prima salus est rectæ fidei regulam custodire, et à patrum traditione nullatenus deviare ; quia non potest Domini nostri Jesu-Christi prætermitti sententia dicentis : *Tu es Petrus, et super hanc petram ædificabo Ecclesiam meam.* Hæc quæ dicta sunt rerum probantur effectibus ; quia in sede apostolicâ immaculata est semper servata religio. Undè, sequentes in omnibus apostolicam sedem, et prædicantes ejus omnia constituta, spero ut in unâ communione vobiscum, quam sedes apostolica prædicat, esse merear, *in quâ est integra et vera christianæ religionis soliditas* ; promittens etiam sequestratos à communione Ecclesiæ catholicæ, id est, *non in omnibus consentientes sedi apostolicæ*, eorum nomina inter sacra non recitenda esse mysteria.

proscriroit de signer et d'approuver une déclaration improuvée par le Saint-Siége.

» Nous rejetons cette proposition comme principe de schisme.

Du pouvoir temporel et de la société politique et civile.

» 8. Il n'existe pas deux puissances distinctes, l'une spirituelle, l'autre temporelle.

» Nous repoussons cette proposition comme contraire à la tradition de l'Eglise.

» 9. Les rois et les princes sont, par l'ordre de Dieu, indépendants, dans les choses temporelles, de toute puissance ecclésiastique.

» Nous ne rejetons point cette proposition en tant qu'elle implique la distinction des deux puissances, mais en tant qu'elle suppose : .

» Ou que les choses temporelles n'ont pas pour règle fondamentale la loi divine ;

» Ou que la puissance ecclésiastique n'est pas l'interprète de la loi divine, dans ses rapports avec l'ordre temporel ;

» Ou enfin que les rois ne sont pas soumis, aussi bien que les autres hommes, aux décisions de la puissance ecclésiastique, interprétant la loi divine dans ses rapports avec l'ordre temporel.

» Nous rejetons ces trois propositions comme contraires à la tradidion de l'Eglise.

» 10. Le peuple n'est pas soumis non plus à une loi divine de justice, indépendante de sa volonté : il n'a pas besoin d'avoir raison pour valider ses actes.

» Nous rejetons cette proposition comme renfermant l'athéisme, et comme subversive de la société.

» 11. Les individus, les familles, les peuples n'ont que des droits résultants des concessions des princes.

» Nous rejetons cette proposition, comme subversive de la société, ainsi que la précédente, et impliquant également la destruction de la loi divine de justice.

De l'amissibilité du pouvoir.

» 12. Le pouvoir est de droit inamissible, et ne peut jamais cesser d'être légitime, lors même que ceux qui en sont investis deviendroient tyrans ou destructeurs de l'ordre social spirituel ou temporel.

» Nous rejetons cette proposition comme absolument contraire à la doctrine de l'Eglise, manifestée par les actes des Papes et des conciles généraux.

» 13. Dans l'ordre social catholique, le suprême pouvoir spirituel n'a pas le droit de décider les questions de conscience, relatives à la légitimité du pouvoir temporel.

» Nous rejetons également cette proposition, comme formellement contraire à la doctrine de l'Eglise manifestée par les actes des Papes et des conciles généraux, de sorte que, si cette proposition étoit vraie, il faudroit admettre que l'Eglise s'est trompée, ou a trompé le monde sur la nature et l'étendue de sa propre autorité.

» 14. La doctrine des théologiens, selon laquelle la communauté a droit de résister, pour sa conservation, à ce genre d'oppression qui constitue ce que le sens commun appelle tyrannie, est fausse, anti-sociale et identique au principe de Rousseau sur la souveraineté du peuple.

» Nous rejetons cette proposition comme fausse en elle-même, et injurieuse à l'enseignement commun des théologiens les plus autorisés par l'Eglise.

De l'ordre légal.

» 15. En soutenant que les diverses formes légales, d'après lesquelles le pouvoir politique s'établit et se transmet, supposent radicalement le consentement de la communauté, la plupart des théologiens ont enseigné une doctrine fausse et anti-sociale.

» Nous rejetons cette proposition pour les mêmes motifs que la précédente.

Observation générale.

» En rejetant les propositions qui viennent d'être énoncées, et en adhérant aux doctrines antérieurement exposées, nous ne nous appuyons pas fondamentalement sur nos propres conceptions. Le principe fondamental d'après lequel nous adhérons à ces doctrines, c'est qu'elles appartiennent respectivement ou à l'essence même du catholicisme, ou à la foi de l'Eglise, ou à la doctrine de l'Eglise, quoique non encore revêtues d'une définition expresse, ou à l'enseignement commun des théologiens catholiques. Nous rejetons, d'après le même principe fondamental, les propositions que nous avons énumérées.

De l'application de ces doctrines à l'état actuel des choses en France.

» Les faits qui concernent l'état actuel de la France ne rentrent point par eux-mêmes dans une exposition de nos doctrines. Mais comme nous appliquons plus ou moins immédiatement ces doctrines à ces faits, nous croyons devoir indiquer aussi les principales conséquences pratiques que nous en tirons.

» Nous adhérons pleinement aux décisions du pape Pie VIII, qui

approuvent le serment de fidélité au Roi des Français, et nous dé-
sapprouvons tout prêtre qui, oubliant ses devoirs, oseroit inquiéter
à ce sujet les consciences.

»Nous protestons en même temps que nous ne devons obéissance
au gouvernement qu'à condition qu'il sera lui-même fidèle au pacte
social, désigné sous le nom de Charte de 1830, qu'il a juré d'obser-
ver, qui est le titre même de son existence, et qui ne lui a conféré
des droits qu'en stipulant les nôtres.

»Ceux de nos droits qui intéressent plus particulièrement la religion, sont : 1° la liberté de la presse, 2° la liberté d'éducation, 3° la
liberté d'association.

»Nous voulons la liberté de la presse, comme garantie nécessaire
de tous nos autres droits, et en particulier de nos droits religieux.
Car nous ne pourrions livrer cette liberté au gouvernement, politiquement séparé de toute croyance, sans lui donner le pouvoir d'empêcher, à son gré, la défense de la religion. Que si l'on dit que la
liberté doit exister pour le bien et non pour le mal, nous répondons
que, quoiqu'il en soit de ce principe abstrait, il n'est susceptible ici
d'aucune application. Car, en dernière analyse, ce seroit toujours le
gouvernement qui, de fait, jugeroit souverainement de ce qui est
bien ou mal, vrai ou faux. Attribuer ce droit au pouvoir politique,
ce seroit ruiner la base même du catholicisme.

»Nous réclamons, en second lieu, la liberté d'éducation, parce
que, sans elle, le gouvernement seroit maître d'opprimer les consciences, et d'anéantir la foi catholique dans notre patrie. L'état déplorable de l'éducation en France, telle que l'a faite le monopole de
l'Université, ajoute un nouveau poids aux motifs qui nous pressent
de demander continuellement cette seconde liberté.

»Nous réclamons, troisièmement, la liberté d'association, et, en ser-
vant aussi, sous ce rapport, les intérêts généraux du pays, nous
croyons servir en particulier les intérêts de l'Église, puisque cette
liberté comprend celle des communautés religieuses, dont l'existence dépendroit sans cela du despotisme administratif et des triom-
phes successifs des partis.

»A ces divers égards, notre libéralisme est celui des catholiques
belges, qui ont établi ces libertés dans leur patrie, celui des catholiques irlandais, qui les défendent ou les réclament.

»Enfin, nous savons que, dans un ordre social catholique, l'Église
et l'État doivent être unis. Mais tel n'est plus l'ordre social de la
France ; et la situation des choses, qui s'aggrave chaque jour, nous
fait vivement désirer que l'Église et l'État y soient complètement
séparés, et, surtout, que Rome puisse instituer directement nos évêques, comme elle le pourra bientôt pour la Belgique. Mais nous

respectons à ce sujet les limites qu'il ne nous appartient pas de franchir. Nous reconnoissons sous ce rapport, comme sous tous les autres, son autorité, aussi pleinement que nous nous confions en sa sagesse, et, si nous protestons contre la conduite des gouvernements, qui abusent des concordats pour tromper les intentions de Rome et opprimer l'Eglise, tout ce qui, dans le régime des concordats, porte le sceau du souverain Pontife n'en demeure pas moins inviolable et sacré pour nous.

Conclusion.

» Si, dans les principes que nous professons, il y a quelque chose qui soit contraire à la foi ou à la doctrine catholiques, nous supplions le Vicaire de Jésus Christ de daigner nous en avertir, lui renouvelant la promesse de notre parfaite docilité. A Dieu ne plaise que nous puissions jamais mettre nos sentiments particuliers à la place de la tradition de l'Eglise, dont il est l'interprète souverain. Ce qui se passe autour de nous, ce vaste chaos d'opinions ne nous avertit que trop combien chaque homme doit se défier de ses lumières si foibles, si bornées. Pour nous, la soumission qui est notre premier devoir comme catholiques, est en quelque sorte notre être comme écrivains. Toute parole de révolte dans notre bouche seroit le suicide de toutes nos paroles. Car notre premier principe, le principe vital de nos écrits, l'ame de notre intelligence, c'est que la vérité n'est pas un bien qui nous soit propre, et, depuis notre doctrine sur la raison jusqu'à notre foi en la Chaire éternelle, de toutes parts nous sommes comme enveloppés d'obéissance. Nous finirons, avec la grâce de Dieu, comme nous avons commencé. Après que nous aurons traversé des jours pleins d'épreuves et de combats, lorsque notre dernier soupir aura marqué le terme de nos travaux, on pourra, sans être démenti par aucun souvenir de notre vie, nous en avons l'espérance, on pourra graver sur nos tombes ces mots de Fénelon : *O sainte Eglise de Rome ! si je t'oublie, puissé-je m'oublier moi-même !*

» Paris, 2 février 1831.

F. DE LA MENNAIS, *prêtre ;* P. GERBET, *prêtre ;*
ROHRBACHER, *prêtre ;* H. LACORDAIRE, *prêtre ;*
C. DE COUX ; A. BARTELS ; vicomte CH. DE
MONTALEMBERT ; DAGUERRE,

HAREL DU TANCREL,
Rédacteur en chef ;

WAILLE,
Rédacteur-gérant. »

Enfin, un dernier objet était à régler, la destination des sommes parvenues à l'*Avenir* par les nombreuses souscriptions dont sa cause avoit été honorée. Les souscripteurs étoient au nombre de 17,556, le 3 mars. Le montant des souscriptions s'élevoit à 13,489 **fr.** Il a été résolu qu'après le prélèvement des frais du procès et de l'impression des plaidoyers, le reste seroit appliqué à *l'Agence générale pour la défense de la liberté religieuse*, sauf l'approbation des souscripteurs qui seroit attendue jusqu'au 5 mars prochain , époque à laquelle leur consentement seroit présumé. Cette destination sera justifiée, ce semble, par la lecture des statuts de l'Agence.

AGENCE GÉNÉRALE POUR LA DÉFENSE DE LA LIBERTÉ RELIGIEUSE.

»La liberté religieuse est la première de nos libertés, des libertés de l'homme, du chrétien et du citoyen français. L'homme l'a reçue de Dieu en recevant de lui sa conscience; le chrétien l'a reçue de Jésus-Christ en recevant de lui l'Évangile , cette parole destinée à toute créature; le citoyen français l'a reçue de la Charte.

»Mais il ne suffit pas d'avoir reçu des droits, il faut encore savoir les défendre et en obtenir le plein développement; il le faut surtout lorsque ces droits sont la cause même de la religion, et qu'on en doit compte à Dieu, à soi et à la postérité. Or, il est visible à tous qu'aujourd'hui cette liberté, qui nous est acquise à tant de titres, subit des vexations, des entraves de tout genre, soit par un reste de despotisme administratif, soit par la malveillance d'individus sans fonctions, soit par l'inimitié personnelle de quelques agens du pouvoir. Des efforts individuels ne peuvent rien contre des attaques si multipliées, et la preuve, c'est que de tant d'actes illégaux contre la liberté religieuse, connus de toute la France, pas un n'a été déféré aux Chambres et aux tribunaux. Au milieu de ce silence universel, la presse catholique est la seule qui ait fait entendre sa voix. Mais son action, quoique puissante , ne répare aucune injustice , et la plainte, si vive qu'elle soit, devient une lâcheté lorsqu'on néglige des moyens faciles et plus efficaces de se pourvoir. Ce sont ces moyens qu'il s'agit de coordonner, en unissant des efforts qui peuvent tout par leur alliance, et qui ne peuvent rien tant qu'ils restent isolés. C'est ce but qu'on se propose d'atteindre par l'établissement d'une *Agence générale pour la défense de la liberté religieuse.*

» Voici les principaux objets dont elle s'occupera :
» 1° Le redressement de tout acte contre la liberté du ministère ecclésiastique, par des poursuites devant les Chambres et devant tous les tribunaux, depuis le conseil d'état jusqu'à la justice de paix.

Dans les procès les plus importans, des publications de mémoires judiciaires, plaidoyers, etc., seront faites aux frais de l'*Agence générale* et répandues par toute la France.

» 2° Le soutien de tout établissement d'instruction primaire, secondaire et supérieure, contre tous les actes arbitraires attentatoires à la liberté d'enseignement, sans laquelle il n'y a plus ni Charte, ni religion.

» 3° Le maintien du droit qui appartient à tous les Français de s'unir pour prier, pour étudier, ou pour obtenir toute autre fin légitime également avantageuse à la religion, aux pauvres et à la civilisation.

» 4° L'*Agence générale* servira de lien commun à toutes les associations locales qui se sont déjà établies en France, et qui s'y établiront dans le but de former une *assurance mutuelle* contre toutes les tyrannies qui attaqueraient la liberté religieuse. Chacune d'elle aura sans doute sa vie propre, sa comptabilité particulière, son mode d'organisation et d'activité, suivant les besoins de chaque pays ; mais en se créant des rapports avec l'*Agence générale*, il en résultera une action plus universelle et plus régulière, qui mettra en communication toutes les ressources avec tous les besoins.

» *Statuts de l'Agence générale.*

» Art. 1er. Une Agence générale pour la défense de la liberté religieuse est établie à Paris.

» Art. 2. L'Agence ne s'occupera que d'affaires religieuses.

» Art. 3. L'Agence est dirigée par un conseil composé de sept membres, qui pourront s'en adjoindre deux autres.

» Art. 4. Elle rend compte tous les mois au conseil, et tous les ans aux donateurs, dans un rapport imprimé, de son état matériel et moral, et de l'emploi des fonds.

» Art. 5. Tout donateur a droit de demander à l'Agence qu'elle poursuive par toutes les voies énoncées dans le *Prospectus*, tel fait contraire à la liberté religieuse qu'il lui dénoncera.

» Art. 6. La demande du donateur sera transmise par l'Agence au conseil, qui décidera s'il y a lieu ou non à poursuivre. Dans tous les cas, la décision motivée du conseil sera transmise au donateur.

» Art. 7. L'abonnement annuel qui constitue le titre de donateur est de 10 francs au moins.

» Art. 8. Plusieurs personnes peuvent se réunir pour former cette somme, et, dans ce cas, elles choisiront une d'elles pour correspondre avec l'Agence.

» L'*Agence générale* ne commencera aucune opération exigeant des déboursés qu'après avoir réuni un nombre suffisant de donateurs pour être en avance de trente mille francs. Quiconque voudra sous-crire en cette qualité, en transmettra l'avis à M. DE COUX, l'un des membres du conseil, *aux bureaux de* l'AVENIR, *rue Jacob, n° 20*, et l'appel de fonds ne sera fait que lorsque le taux ci-dessus indiqué aura été atteint. Alors une circulaire sera adressée à tous les dona-teurs, et leurs droits tels qu'ils sont énoncés dans le *prospectus*, commenceront en même temps que le versement des fonds. *L'Agent général* sera immédiatement désigné par le conseil.

» Néanmoins, dès aujourd'hui le *conseil de l'Agence générale* est constitué, et s'occupera de tous les intérêts de la liberté religieuse, selon la portée des moyens qui sont actuellement à sa disposition. Il va dresser le relevé exact des vexations commises contre la liberté religieuse depuis la séparation complète de l'Église et de l'état par la Charte du 7 août; il recevra à cet égard tous les renseignements qu'on voudra bien lui transmettre, et les classera, pour les faire valoir de la manière la plus avantageuse au bien commun; il insérera dans l'*Avenir* les réclamations les plus urgentes; il se mettra en rapport avec les associations locales dont il a été parlé dans le *Prospectus*; il rédigera des pétitions aux Chambres. A cet effet, les matériaux recueillis et préparés dans les bureaux de l'*Avenir*, depuis deux mois, sont mis à la disposition du conseil.

» Quelque faibles que soient les services rendus à la liberté et à la religion par les membres du conseil soussignés, ils espèrent que les catholiques et les amis de la liberté religieuse ne désavoueront pas leurs efforts et la responsabilité qu'ils prennent sur eux.

» *Les membres du Conseil de l'Agence générale,*

F. DE LA MENNAIS, *Président;* BAILLY DE SURCY; DE COUX; P. GERBET; H. LACORDAIRE; le vicomte CH. DE MONTALEMBERT; A. DE SALINIS. »

Catholiques de France! nous terminons ici le compte rendu des premiers efforts qui ont été faits pour votre liberté civile depuis la chute du moyen âge. Ceux qui les ont tentés avec votre secours continueront jusqu'au bout. Tant qu'il leur restera un souffle de vie, quels que soient les événements dont elle sera le jouet, il y aura dans leur cœur une indissoluble alliance de la foi avec la liberté. On cherchera, dans des camps divers, à douter de l'une et de l'autre; mais la Providence, fidèle à ceux qui vont dans leur route avec simplicité, leur donnera tôt ou tard l'occasion de prouver à tous le double amour qui aura consumé leur âge. Quoiqu'il advienne d'eux, au reste, le dix-neuvième siècle appartient aux catholiques; la liberté trahie les appelle des déserts de l'Irlande aux déserts de la Pologne; ils entendront sa voix, et les peuples relèveront dans la patrie l'autel du Dieu, sauveur une seconde fois des franchises du monde!

La lettre suivante qui explique plusieurs points des doctrines catholiques, nous paroît utile à consigner ici comme un monument de notre foi.

RÉPONSE A LA LETTRE DU P. VENTURA. (1)

Mon Révérend Père,

Les rédacteurs de l'*Avenir* sont loin de trouver mauvais que vous ayez usé à leur égard du droit qu'a tout homme d'examiner et de juger, selon ses opinions propres, les opinions et les paroles d'un autre homme. Rien ne contribue davantage au progrès de la raison publique et au triomphe de la vérité que ces nobles luttes de l'intelligence, dans lesquelles le vaincu, s'il n'est aveuglé par un coupable et sot orgueil, est aussi heureux de sa défaite que le vainqueur l'est de sa victoire. Mais ils croient que votre procédé eût été plus conforme aux règles des convenances, telles du moins qu'elles sont admises et senties parmi nous, si vous leur aviez adressé directement vos observations. qui eussent aussitôt reçu par eux la publicité que vous désiriez; comme, en même temps, ils s'étonnent (et ils ne sont pas les seuls à s'en étonner), que vous, prêtre romain et chef d'ordre, vous ayez choisi pour votre organe précisément l'interprète et le défenseur le plus opiniâtre du gallicanisme si justement réprouvé à Rome. Ce n'est pas qu'ils s'en plaignent, au contraire ; car ce sera pour eux une occasion, assurément inespérée, de repousser, en vous répondant, des insinuations et des attaques que le journal qu'il vous a plu de rendre le dépositaire de vos *protestations*, pouvoit impunément se permettre contre eux, parce qu'il savoit ce que tout le monde sait en France et que vous ignorez, à ce qu'il paroît, que quiconque se respecte ne peut descendre à aucune discussion vraiment sérieuse avec lui.

Les sentiments que vous leur inspirez, mon Révérend Père, sont trop différents, pour qu'ils ne s'empressent pas, quelque peu importante que soit aujourd'hui, dans les immenses questions qui remuent le monde, l'opinion d'un simple individu quel qu'il soit, pour qu'ils ne s'empressent pas, dis-je, d'examiner à leur tour les reproches que vous leur adressez, afin de montrer combien ils sont dépourvus de fondement; et la confiance que je veux conserver dans la droiture de votre esprit et de votre caractère, me fait un devoir

___

(1) Le P. VENTURA avoit écrit aux Rédacteurs de *l'Avenir* une lettre qu'ils ont insérée dans leur journal du 9 février.

de penser qu'après avoir lu cette lettre, vous n'hésiterez pas à en convenir vous-même.

Je dois reconnoître d'abord que *vous rendez justice aux doctrines qui dominent dans l'Avenir.* C'est déjà beaucoup, plus que bien des gens ne vous pardonneront ; mais peu importe. Voyons ce que vous y blâmez. Ce que vous dites à cet égard se réduit à deux points que je discuterai successivement : *L'Avenir soutient la souveraineté du peuple, l'Avenir semble avoir pris depuis un mois une mauvaise tendance,* c'est-à-dire, comme vous l'expliquez, une tendance révolutionnaire.

Sur le premier point voici vos paroles : « Je ne saurois pardonner » à l'*Avenir* l'article intitulé : *La souveraineté de Dieu, exclut-elle la* » *souveraineté du peuple?* Cet article me paroît renfermer tous les » principes subversifs des trônes, de la société, de la religion même » que vous défendez ; car de la souveraineté du peuple en politique, » à la souveraineté des fidèles en religion, il n'y a qu'un pas bien » glissant et bien facile à faire. Aussi ces deux principes marchent » toujours ensemble *et conjurant amicè.* Je ne m'arrête pas à relever » tout ce que cet article contient de faux, d'absurde, de ruineux. »

Certes, mon Révérend Père, ce sont là des paroles tranchantes et d'injurieuses imputations, s'il en fut jamais ; et quand tout-à-l'heure on verra sur quoi elles reposent, on admirera comme moi cette espèce d'aveuglement soudain dont Dieu frappe quelquefois les esprits les plus pénétrants, pour nous apprendre à tous le peu que nous sommes, et nous raffermir, en quelque sorte, dans une salutaire défiance de notre raison si débile et si incertaine.

L'auteur de l'article que vous attaquez avec tant de violence résume ainsi, dès les premières lignes, la doctrine qu'il a dessein de prouver.

« Il est *de foi* que la souveraineté est de Dieu. Il est *de foi* que » c'est de Dieu que les souverains reçoivent leur autorité. » Jusqu'ici, mon Révérend Père, il n'y a probablement rien qui vous *choque.* Continuons : « Mais il n'est pas de foi qu'ils la reçoivent de Dieu » immédiatement. La doctrine commune des théologiens et des ca-» nonistes est, au contraire, que Dieu communique la souveraineté » immédiatement au peuple, et, par le moyen du peuple, à la personne » ou à la communauté gouvernante (1). »

Ici tout se réduit à une question de fait. Est-il vrai que la doctrine attribuée à la plupart des théologiens et des canonistes soit réellement leur doctrine ? J'ose assurer, mon Révérend Père, que vous ne le nierez pas. Faudroit-il vous citer de nouveau saint Thomas, qui

____

(1) *Avenir* du 14 décembre 1830.

enseigne en termes exprès que « la puissance législative appartient, »non pas à aucun particulier, mais à la multitude ou au prince qui »la représente (1)? » Faudroit-il vous citer Suarèz, qui, s'appuyant de l'autorité de saint Ambroise, de saint Grégoire-le-Grand, de saint Augustin, de Bellarmin, établit « qu'il n'y a point d'intermédiaire »entre Dieu et le peuple, mais que le peuple est l'intermédiaire entre »Dieu et le roi, et que c'est par cet intermédiaire que le roi reçoit »la puissance souveraine (2)? Faudroit vous citer saint Liguori (3), Fénelon (4), Bossuet lui-même (5), le défenseur le plus outré de la puissance royale? Ou, embarrassé de leurs témoignages et ne les pouvant contester, direz-vous que saint Ambroise, saint Grégoire-le-Grand, saint Augustin, saint Thomas, Bellarmin, Suarèz, Fénelon, saint Liguori, et tant d'autres qu'on pourroit nommer, Billuard, Bianchi, le plus savant réfutateur de la déclaration de 1682, que tant de personnages pieux, des saints que l'Eglise a mis au rang de ses docteurs, ont soutenu, en ce qui regarde le pouvoir, qui est le fondement de la société humaine, une doctrine *fausse, absurde, ruineuse?* Et il faut bien que vous le disiez, ou que vous reconnoissiez que vous vous êtes emporté injustement contre l'auteur de l'article, qui allègue leurs propres paroles et déclare s'en tenir à ce qu'ils ont enseigné. Je présume trop bien de votre bonne foi pour douter un instant que vous hésitiez à convenir de votre méprise. Quant à la distinction que vous faites entre *la canaille* et *le patriciat*, elle est

---

(1) Cùm lex ordinet hominem in bonum commune, non cujuslibet ratio facere potest legem, sed multitudinis, vel principis vicem multitudinis gerentis. 1, 2, *q.* 90. *a.* 3.— *Ibid.* 97, *ad* 5.

(2) Cardinalis Bellarminus non inter populum et Deum medium posuit, sed inter regem et Deum voluit populum esse, medium, per quod rex talem accipit potestatem. *Suarez, Defens. fidei cathol. lib. III, cap.* 2.— Hæc resolutio, quoad omnes partes communis est, non solùm theologorum, sed etiam jurisperitorum. *Ibid.—Vid. et eod. cap. n.* 11, et *de Legib. lib. III.*

(3) Certum est dari in hominibus potestatem ferendi leges; sed potestas hæc, quoad leges civiles, à naturâ nemini competit nisi communitati hominum, et ab hâc transfertur in unum, vel in plures à quibus communitas regatur. *De Legibus, l. I, tract.* 2. *n.* 104.

(4) La puissance temporelle vient de la communauté qu'on nomme nation. La spirituelle vient de Dieu par la mission de son Fils et de ses Apôtres. *OEuvres de Fénelon, t. XXII, p.* 583, *édit. de Versailles.*

(5) Nous ne nous arrêterons point à ce que l'anonyme prouve longuement, savoir, que la puissance des rois n'est pas tellement de Dieu, qu'elle ne soit aussi du consentement des peuples; personne ne nie cela. *Défens. Lib. IV, c.* 21.

tout-à-fait hors de la question, car dans la tradition de l'Eglise, dont il s'agit ici uniquement, je ne trouve pas qu'il soit parlé ni de *patriciat*, ni de *canaille*; et je vous dirai en passant qu'en France il n'existe de *patriciat* d'aucune sorte, et que je ne connois point de *canaille* parmi ceux qui chez nous jouissent du droit de cité.

Toute la suite de votre discussion portant sur la supposition que l'écrivain que vous attaquez soutient la souveraineté du peuple dans le sens de Rousseau et de Jurieu, sens qu'il a lui-même expressément rejeté (1), et qui implique contradiction avec ses paroles que j'ai remises sous vos yeux, rien n'oblige de s'occuper des conséquences, assez vagues d'ailleurs, que vous tirez de cette fausse supposition. Toutefois pour ne laisser à la chicane la plus subtile et la plus opiniâtre aucun subterfuge, nous répéterons ici ce que nous disions il y a peu de jours dans l'exposition de nos sentiments sur le même sujet.

« En adhérant aux principes de saint Thomas et des autres
»théologiens, nous ferons deux observations.

»Premièrement, leur doctrine ne peut pas être confondue avec
»celle que Jurieu et Rousseau ont défendue sous le nom de souverai-
»neté du peuple. Celle-ci, en effet, consiste fondamentalement à
»supposer que le peuple n'a d'autre loi que sa volonté, laquelle crée
»la justice : doctrine qui renferme évidemment l'athéisme, et dont
»il ne peut jamais sortir que d'épouvantables calamités. Les théolo-
»giens catholiques, au contraire, posent en principe que chaque
»peuple est soumis, comme les individus, à la loi divine de justice,
»essentiellement indépendante de sa volonté, et promulguée par la
»conscience du genre humain : en conséquence ils établissent que le
»droit de résistance, réglé par cette loi, ne peut s'exercer que lors-
»que ce droit est nécessaire pour faire prévaloir la justice contre la
»force perturbatrice de la société.

»En second lieu, les théologiens ne se sont point dissimulé les
»énormes abus qui pouvoient vicier, dans plusieurs cas, l'exercice
»de ce droit terrible. Mais ils ont pensé qu'en cette matière, comme
»dans tous les autres, les abus ne détruisent pas un droit réel.
»Personne ne nie la légitimité de la défense personnelle contre un
»assassin, bien que chaque individu puisse se tromper dans l'applica-
»tion de ce droit, et dépasser les limites de ce que les jurisconsultes
»appellent *moderamen inculpatæ tutelæ*. Les théologiens ont raisonné
»de même à l'égard d'un peuple qui se trouveroit placé par un tyran
»dans une sorte de guet-à-pens social. La seule conséquence que
»l'on puisse tirer de ces redoutables luttes, c'est que l'humanité doit

---

(1) *Avenir* du 30 janvier.

» hâter par ses vœux l'époque où les peuples concourront d'eux-mêmes
» au rétablissement de l'ordre social catholique, de cet ordre qui
» substitue à l'état de guerre entre le pouvoir et les sujets, inévitable
» en tout autre système, l'intervention d'une autorité essentiellement
» pacifique (1). »

Il me semble, mon Révérend Père, que cela doit suffire pour
vous tranquilliser sur ce qui concerne la souveraineté du peuple.
Votre zèle, trop prompt à s'alarmer, s'est, je le présume, échauffé
de certaines paroles qui ont pu retentir autour de vous : la réflexion
le calmera. « Je passe, ajoutez-vous, sur le reste de l'article, car ce
» sont des mots qui n'ont point de sens. » Vous auriez pu dire peut-être,
qui n'ont point de sens pour moi. Que si vous n'avez pas assez l'habitude
de notre langue pour les avoir compris, je le regretterai sans doute
pour l'auteur; mais rigoureusement, vous l'avouerez, cela ne conclut
rien contre lui.

Venons maintenant au second reproche que vous adressez à
l'*Avenir*, c'est-à-dire, *la mauvaise tendance qu'il semble avoir prise depuis
un mois.* Il a, selon vous, *invité, excité, poussé les peuples, avec toute la
puissance de la parole, approuvé, loué toutes les révolutions faites, applaudi
d'avance à toutes les révolutions à faire.* Apparemment, mon Révérend
Père, vous êtes en état de fournir les preuves de ces violentes inculpations. Où sont-elles ? Je les cherche en vain dans votre lettre, et
j'ai droit d'être surpris qu'un homme tel que vous, qu'un prêtre se
permette des accusations de cette nature, conçues en termes si
généraux, qu'ils ôtent presque toute possibilité de défense. Nous nous
défendrons pourtant, non pas devant vous à qui nous ne devons nul
compte de nos paroles ni de nos doctrines, mais devant le Saint-
Siége, qui en est le juge suprême, devant nos frères de tous les pays,
à qui l'on pourroit vous supposer le dessein de rendre notre catholicisme suspect.

En droit donc, nous avons soutenu et nous continuerons de soutenir avec saint Thomas, que « le régime tyrannique est injuste,
» parce qu'il a pour fin, non le bien commun, mais le bien particu-
» lier de celui qui gouverne : qu'en conséquence la destruction de
» ce régime n'a point le caractère de sédition ; excepté le cas où elle
» entraîneroit de si grands désordres que la multitude des sujets
» souffriroit plus de cette destruction que du régime tyrannique lui-
» même (2). » En un mot, nous avons soutenu et nous continuerons

---

(1) *Avenir* du 6 février.

(2) Regimen tyrannicum non est justum, quia non ordinatur ad bonum
commune, sed ad bonum privatum regentis..... ideo perturbatio hujus regi-

de soutenir, que lorsque le souverain, violant fondamentalement la loi divine de justice, qui est la source unique de toute vraie légitimité, opprime le peuple et lui ravit ses droits religieux, politiques, civils, ce peuple a le droit incontestable de se donner un autre souverain; et vous même vous reconnoissez que *le principe de légitimité (vous eussiez mieux dit de légalité), dans les cas extraordinaires, est subordonné au principe du salut public, qui est la loi souveraine des États.* Si donc il existe des pays où le peuple gémisse sous une oppression semblable, *nous applaudissons d'avance aux révolutions à y faire,* et, à moins de renoncer à vos principes, vous devez y applaudir comme nous. Nous vous défions de montrer que jamais nous ayons dit autre chose; et certes ce seroit aussi une trop exécrable maxime que de prétendre, avec les gallicans, qu'un prince une fois établi peut tout se permettre impunément, et que la tyrannie n'a d'autre remède que la volonté du tyran même. Au surplus nos doctrines à ce sujet, fondées, croyons-nous, sur l'enseignement des Pontifes romains et la tradition de l'Église, ont été clairement exposées dans la déclaration que nous avons soumise, avec une docilité sans réserve, au jugement du Siége apostolique (1), et je ne pense pas que, sur ces doctrines, il y ait entre vous et nous aucune opposition.

En fait, nous avons applaudi à l'insurrection de la Belgique et de la Pologne, et nous y applaudissons encore de toutes les forces de notre ame : car nous croyons qu'il ne fut jamais d'oppression plus inique, plus odieuse et plus accablante, que celle qui écrasoit ces deux malheureux peuples, chez lesquels il n'existoit plus de sécurité réelle ni pour les personnes ni pour les propriétés, et à qui le despotisme, infidèle à ses serments, s'efforçoit de ravir leurs droits politiques et civils, leur religion et leur langue même. Et lorsqu'ignorant ce que l'Europe sait, vous pourriez à cet égard vous faire illusion, il s'ensuivroit bien que, n'admettant pas les faits dont nous tirons la conséquence, vous devez rejeter cette conséquence, mais non pas que nous sommes des révolutionnaires dans le sens où vous usez de ce mot, car vos principes vous obligeroient à tirer de ces faits la même conséquence que nous, si vous en admettiez la vérité comme nous. Et peu importent vos prévoyances sur le résultat final des efforts généreux de ces deux nobles peuples. Nous ne doutons

---

minis non habet rationem seditionis ; nisi forte quandò sic inordinatè perturbatur tyranni regimen, quòd multitudo subjecta majus detrimentum patitur ex perturbatione consequenti quàm ex tyranni regimine. *Sum.* 22 , *q.* xlii, *art.* 11 *ad.* 3.

(1) Voyez *l'Avenir* du 6 février.

pas du succès des Belges, malgré les ruses d'une ténébreuse diploma-
tie : nous tremblons pour la Pologne, seule en face des Tartares
prêts à se précipiter sur elle. Mais quand ces deux belles nations,
lâchement abandonnées, succomberoient dans une lutte inégale ;
quand, au lieu des palmes de la liberté, elles ne cueilleroient que
celles du martyre ; quand il ne resteroit d'elles que deux grands
tombeaux, tout ce qui a un cœur d'homme, une ame catholique,
s'en iroit mouiller de ses larmes les froides pierres qui recouvriroient
les ossements de ceux qui, sans tant de calculs, se confiant dans le
ciel qui protége la cause juste et sauve quelquefois miraculeusement
les pauvres opprimés, s'écrièrent d'une voix unanime : Mourons
pour Dieu et la patrie !

Et en vérité, quoi qu'il arrive, il faut que vous ayez, mon Révérend
Père, un singulier courage, pour venir attrister par vos paroles lu-
gubres et vos conjectures désolantes ces infortunés catholiques qui,
pour sauver leur foi et tout ce qui, avec elle, donne du prix à la vie
humaine, ont appris de leurs évêques et de leurs prêtres à ne reculer
devant aucun danger ni devant aucun sacrifice. Ah ! jusqu'à ce que
la Providence ait décidé dans ses impénétrables conseils, qu'après
tout elle ne vous a pas plus dévoilés qu'à nul autre, que leur sublime
dévouement demeureroit encore stérile pour un temps, laissez-leur,
mon Révérend Père, laissez-leur au moins l'espérance !

Continuant de gourmander l'*Avenir* avec je ne sais quel ton de
maître qui régente des écoliers mutins, vous voulez bien nous avertir
qu'à d'autres égards encore nous avons encouru votre désappro-
bation. « Je ne puis non plus, dites-vous, pardonner à l'*Avenir* de
»s'extasier devant la révolution de juillet. Je ne suis ni carliste ni
»philippin. Je sens aussi la nécessité où s'est trouvée la France de se
»ranger autour du roi Philippe pour échapper à l'anarchie.... Mais
» je ne puis passer à l'*Avenir* cette expression : *La nation a recouvré ses
»droits...* Dans votre bouche, qu'est-ce que cela signifie ? Quels droits
»avez-vous ? La liberté de la presse ? vous sur lesquels pèsent deux
»procès. La liberté de la religion ? tandis qu'on brise ses croix, qu'on
»incarcère ses prêtres, qu'on expulse ses curés, qu'on régente ses
»évêques ? La liberté de l'enseignement ? tandis qu'on pousse le
»despotisme universitaire au delà des bornes posées par MM. Frays-
»sinous et Feutrier. »

Sachez bien, mon Révérend Père, en premier lieu, que l'*Avenir*
ne demande ni n'accepte de *pardon* de personne ; et, en second lieu,
qu'en ce qui touche aux affaires intérieures de notre pays, la doctrine catholique et la conscience une fois à l'abri, rien au monde
ne nous importe moins que l'opinion individuelle d'un étranger quel
qu'il soit. Il est à croire que nous, nés en France et qui ne l'avons

jamais quittée, nous la connoissons un peu mieux qu'un homme qui ne la vit jamais et qui en est à quatre cents lieues. Nous pouvons, sans trop de présomption, nous flatter d'être des juges plus compétents que lui de nos propres intérêts, et quelque honorable que puisse être d'ailleurs sa tutelle, avant de l'exercer comme de plein droit, il eût été plus convenable peut-être d'attendre qu'elle fût sollicitée.

Du reste, placé sous l'empire d'une préoccupation inexplicable, vous nous avez, encore ici, lu sans nous entendre; et, après vous avoir lu moi-même, je doute s'il existe en Europe un homme moins instruit de l'état de la France, de ce que, pour les catholiques, il est sage de craindre, de ce qu'il est raisonnable d'espérer. Reprenons vos paroles. Vous ne nous pardonnez pas de nous *extasier* devant la révolution de juillet. L'expression, mon Révérend Père, est aussi juste que si nous disions de vous, que vous vous extasiez devant le despotisme moscovite. En général, comme nous le répétions encore dernièrement, nous *tremblons* devant toute révolution, « parce que »la révolution la plus juste, même quand elle réussit, traîne après »elle de longues et pesantes calamités (1). » C'est ainsi que nous sommes révolutionnaires.

Et pour ce qui est en particulier des événements de juillet, sur lesquels d'ailleurs vous n'avez pas cru devoir vous expliquer nettement, nous qui n'avons point de position à ménager ou à compromettre, nous n'avons non plus rien qui nous empêche de dire hautement toute notre pensée. Nous disons donc d'abord que cette révolution étoit inévitable, par différentes raisons qu'il est inutile de rappeler, et il y a, en effet, plusieurs années que nous l'annoncions comme imminente. Nous admirons de plus la modération qui en a fait une sorte de combat régulier, et l'espèce de sentiment élevé et généreux qui, dominant une multitude ardente d'indignation et momentanément affranchie de tout pouvoir qui pût la contenir, a maintenu un ordre merveilleux dans une armée sans chef, dans une population palpitante des émotions les plus fortes, et prévenu les horreurs qui accompagnent d'ordinaire ces commotions terribles : exemple, je ne dis point rare, mais unique dans l'histoire, et que sans doute il est beau, il est glorieux aux Français d'avoir donné.

Enfin, en plaignant le pouvoir qui s'est perdu lui-même par un aveuglement qui n'exclut ni des intentions droites ni des vertus dignes de respect, nous nous sommes réjouis d'un changement poli-

---

(1) *Avenir* du 27 janvier.

tique dans lequel nous avons vu comme le signal de la délivrance de l'Église et de l'affranchissement de la religion, condamnée parmi nous à périr sans retour peut-être, si le régime précédent s'étoit prolongé encore quelques années. Opprimée par les lois et l'administration, enveloppée de servitude, avilie par les honneurs mêmes dont elle subissoit l'opprobre, et qui n'étoient que le prix de sa docile obéissance, le peuple se détachoit d'elle rapidement, et l'on pouvoit compter les jours qui lui restoient à vivre, les jours après lesquels le dernier chrétien, fermant ses yeux appesantis d'angoisse, l'emporteroit avec lui dans la tombe. Tel étoit notre état, lorsque soudain la terre a tremblé. Alors nous avons dit : Dieu est grand ; il se souvient de ses promesses ! et notre foi s'est élevée au-dessus des pensées et des affections humaines, pour admirer les conseils suprêmes et bénir le salut qui nous venoit d'en haut. Tout en effet étoit changé, et nous avons pu, nous avons dû dire que *la nation avoit recouvré ses droits*, et non-seulement ses droits religieux, mais encore ses droits politiques, fondés sur des engagements réciproques, sur un contrat sacré que des ministres, honorables d'ailleurs en tant qu'hommes privés, violèrent ouvertement par les ordonnances de juillet. Car, à moins que vous ne reconnoissiez aucuns droits aux peuples, aucuns droits que le pouvoir ne puisse leur ôter à sa volonté, à moins que vous n'admettiez d'autre pouvoir légitime que le despotisme illimité, doctrine qui implique l'athéisme, il est plus clair que le jour, qu'en 1830 le pouvoir, dont encore une fois nous ne scrutons pas les intentions et dont nous respectons l'infortune, enleva aux Français des droits légitimement acquis, et renversa de fait la Loi fondamentale, c'est-à-dire, la société telle qu'elle existoit. La question, dès-lors, n'étoit plus s'il y auroit révolution, mais si elle s'accompliroit au profit de l'absolutisme, ou au profit de la liberté. Or, entre ces deux alternatives désormais inévitables, je vous demande à vous-même, mon Révérend Père, ce qui étoit le plus désirable et le plus juste en soi ; je vous demande ce qu'auroient fait les catholiques du moyen âge, alors que le sentiment de la dignité des peuples et de la sainteté des promesses qui formoient le lien entre eux et le pouvoir, étoit si vivant dans les ames ; je vous demande ce que les Pontifes romains, choisis pour juges, auroient décidé, je ne dis pas sur les intérêts qu'ils se seroient sans doute et avec succès efforcés de concilier, mais sur le fond même du droit. Écartez de votre esprit toute préoccupation relative aux temps et aux hommes, et, la main sur la conscience, répondez.

Mais, laissant à part les conséquences purement politiques des événements de juillet, et ne considérant que celles qui nous touchent en qualité de simples catholiques, avons-nous, en effet, *recouvré nos droits?* Vous le niez, et en outre vous faites entendre que nous ne les recouvrerons jamais. Que Dieu détourne un pareil augure! et qu'il nous préserve de prêter l'oreille à ces prophètes de servitude, dont la parole glacée ne descend dans l'ame que pour la frapper d'un mortel engourdissement, pour y tuer, dans leur germe, tout courage, tout mouvement, toute espérance! Là où vous voyez, mon Révérend Père, un nouveau triomphe du mal, nous apercevons, nous, le commencement d'une magnifique régénération, l'aurore du jour où s'accomplira cette solennelle promesse : *Et erit unum ovile et unus Pastor.* Oui, le catholicisme se réveille, et, brisant ses fers, il s'élance comme un géant dans l'immense carrière qui s'ouvre devant lui : *Exultavit ut gigas ad currendam viam.* Craignez donc, craignez qu'il ne vous soit dit : *Homme de peu de foi, pourquoi as-tu douté?* Il semble que vous attendiez tout des rois, et alors nous concevons comment l'espoir fuit de votre ame : pour nous, nous n'en attendons rien, mais nous attendons beaucoup des peuples qui, malgré ce qui leur manque encore, malgré la direction une et fixe dont ils sont privés, et que bientôt peut-être ils recevront de Rome, quand la liberté aura prévalu, nous semblent être les instruments choisis de Dieu pour rétablir son règne sur la terre.

Mais, pour vous faire comprendre ce que le catholicisme a gagné à notre dernière révolution, lisez la Charte du 7 août, et vous y verrez la liberté religieuse et la liberté d'enseignement stipulées d'une manière bien plus formelle qu'elles ne l'étoient dans l'ancienne Charte. Nous avons donc *recouvré* sinon l'exercice, au moins la reconnoissance de notre droit. Et ceci c'est beaucoup, c'est tout, car la Charte nouvelle nous fournit de plus des moyens légaux d'arriver à la jouissance effective et pleine de ce droit reconnu; et ces moyens sont principalement la liberté de la presse et la liberté d'association.

Ici vous m'arrêtez. *La liberté de la presse? vous sur lesquels pèsent deux procès?* Oui, mon Révérend Père, deux procès nous ont été intentés; et nous en rendons grâces aux magistrats qui, par une erreur de bonne foi sur le sens de nos paroles, nous ont fourni l'occasion précieuse de les expliquer plus clairement devant la justice du pays. Et le pays nous a entendus, et le ministère public a loué nos doctrines, et nos concitoyens, nos juges, les ont sanctionnées par leur arrêt, et quelles que fussent les opinions religieuses de chacun, la foule qui assistoit à cette mémorable audience a salué de ses acclamations le catholicisme, qui lui apparoissoit pour la première fois sous ses traits véritables, le catholicisme romain. Que n'avez-vous, mon Révérend

Père, été témoin d'un spectacle si nouveau en France! Vous n'auriez pas à regretter le faux jugement que vous portez d'elle sur de vieux souvenirs qui obsèdent votre esprit et l'enveloppent comme d'un voile funèbre.

Nous avons à vaincre, il est vrai, la résistance du ministère enseveli dans les traditions du despotisme de tous les régimes, et l'opposition du libéralisme persécuteur que dominent encore les préjugés de la philosophie du dix-huitième siècle. Mais le ministère ne peut, quoi qu'il fasse, empêcher de sortir de la Charte ce qu'elle contient, ce que la volonté ferme de la nation y a mis; et à l'ancien libéralisme qu'animent des idées de tyrannie, a succédé un libéralisme véritable, éclairé, généreux, qui repousse toute oppression, et qui veut fortement la liberté réelle, une liberté égale pour tous, entière pour tous. Unis à ce libéralisme loyal, les catholiques seront invincibles, et déjà partout cette union s'opère. On s'est expliqué, on s'est entendu; la confiance naît et se manifeste par des efforts communs. Voilà l'état de la France, et, quoi qu'en puissent penser ceux qui ne la connoissent pas, quelles que soient les épreuves qui lui sont réservées encore, elle peut fixer un regard tranquille sur l'avenir qui se prépare pour elle. Pour vous qui semblez ignorer ces choses, pour vous qui n'avez encore devant les yeux que la révolution de Voltaire et de Rousseau, et le fantôme sanglant de 93, nous concevons vos terreurs, mais nous ne les partageons pas.

Je finis, mon Révérend Père, cette lettre déjà trop longue peut-être. Vous avez complètement méconnu les doctrines et travesti les intentions des rédacteurs de l'*Avenir*; vous vous êtes permis à leur égard des imputations aussi fausses que violentes; vous êtes descendu jusqu'à l'outrage. Vous savez à quoi vous oblige, en cette occasion, le devoir rigoureux de l'honnête homme et du chrétien. L'offense a été publique, la réparation doit l'être; et pour user de vos propres mots, *c'est à cette condition que je vous assure de la continuation de mon estime et du respect avec lequel je suis,*

Votre très-humble serviteur.

F. DE LA MENNAIS.

BIBLIOTHEQUE NATIONALE DE FRANCE

3 7531 04324508 4

www.ingramcontent.com/pod-product-compliance
Ingram Content Group UK Ltd.
Pitfield, Milton Keynes, MK11 3LW, UK
UKHW020924140726
13695UKWH00003B/955

9 782014 443196